BAND 54 DER EDITION LYRIK KABINETT

Herausgegeben von Michael Krüger, Holger Pils und Piero Salabè
Gegründet von Ursula Haeusgen

Sylvie Kandé

Stiller Tausch

Gedichte

Zweisprachig

Aus dem Französischen
von Tim Trzaskalik

Mit einem Nachwort
von Elara Bertho

Hanser

Vorwort

Die poetischen Texte für die Anthologie *Stiller Tausch* zusammen-
zustellen, war eine Erfahrung voller Furcht und Freude.

Der Verlag hatte vorgeschlagen, zum Herzstück des vorliegenden
Buchs Auszüge aus *Gestuaire* zu machen, einem Band, der in the-
matisch unterteilten poetischen Sektionen komponiert ist. Ich habe
mich dazu entschlossen, ihn umzugestalten, dies oder das aus-
zusparen, um andere Gedichte aus meiner Feder einzufügen, die
mir zum Kern von *Gestuaire* zu passen schienen. Die angewandte
Technik ist der Kunst des Quilt nicht fremd, die auf einem orna-
mentalen »Remix« eines vorgefundenen, präexistenten Materials
beruht, nach Maßgabe neuer Rhythmen und einer gewissen Ka-
denz.

Den Lesenden diesen in der Freude des Jazz entworfenen Text –
»Textil« – vorzulegen, bedeutete für mich, dass ich mich den Ob-
sessionen stellen musste, die ich aus den Tiefen meines Schreibens
zum Vorschein kommen sah; aber auch den Widersprüchen und
Zusammenhängen, die ich in meiner Arbeit entdeckte. Zu ihnen
gehören, hier gleichsam unsystematisch angeführt, das Aufeinan-
derprallen der Zeiten und der unvermeidliche Sieg der Vergan-
genheit über die Gegenwart, wenn keinerlei wirkliches Engagement
eingegangen wird, insbesondere keines für eine Zukunft ohne
Rassen; die Positionierung des Selbst zwischen dem unendlich
Großen und dem unendlich Kleinen – ein geradezu Pascal'sches
Anliegen – sowie zwischen dem Einen und dem Mannigfaltigen,
das Amadou Hampâté Bâ so gut beschrieben hat; die Macht der
Gesten als Sprache; und die Vorstellung der Reziprozität zwischen
Schreibenden und Lesenden – wie es der Titel dieser Anthologie
andeutet.

Bei der Komposition von *Stiller Tausch* habe ich auch in einigen meiner Texte, die nicht mehr jüngeren Datums sind, eine gewisse Anzahl an Satzzeichen gestrichen. Nicht aus formaler Eitelkeit. Im Rahmen einer Reflexion über ihre Wirkung in meinen Gedichten schienen sie mir, im Gegensatz zu dem, was Virginia Woolf darüber hat sagen können, weder unnütz noch hassenswert zu sein, sondern aufgrund ihrer Funktion selbst aktiv daran beteiligt, die Interpretationsmöglichkeiten zu begrenzen. Indem ich auf Zeichensetzung verzichte, eröffne ich mannigfaltige Lektüremöglichkeiten, in Zusammenarbeit mit den Lesenden, die ich mir erhoffe.

Sie mögen diese Gedichte laut lesen. Die Kraft der Worte auf der Seite verlangt manchmal nach einem Kalligramm und die Schönheit ihres Klangs immer nach einer Stimme, die sie in die Welt ausstößt.

Ich bedanke mich für Ihr Interesse. Mein Dank gilt auch meinen Verlagen, Hanser und Gallimard, für die Verwirklichung des Buchs sowie Tim Trzaskalik für seine Übersetzung meiner Gedichte. Besonders verbunden bin ich auch Wura-Natasha Ogunji für die Erlaubnis, ihr Bild »Field Theory White« (2016) für den Umschlag zu verwenden.

Stiller Tausch

I. ART POÉTIQUE

Troc silencieux

Ca' Da Mosto raconte dans ses voyages que les nomades du Nord viennent une fois l'an au pays de Mali déposer sur la plage leur charge de sel en petits tas, puis se retirent à une demi-journée de distance. Les gens des environs s'approchent alors, déposent une bourse emplie de poudre d'or devant chaque tas de sel, et s'éclipsent pareillement.

Précieuses poussières !

Les gens du Nord reviennent alors évaluer l'affaire : satisfaits, ils emportent l'or ; déçus, ils reprennent leur poids de sel, sans toucher à l'offrande.

On appelle troc silencieux cette façon de commerce.

On dit qu'un jour, le roi de Mali, avide de connaître de ces ombres errantes le visage et la voix, fit capturer l'un d'eux par surprise. On interrogea le prisonnier en toutes les langues de l'Empire, de ses confins et d'au-delà. Il mourut sans soupir au bout de quatre jours.

I. DICHTKUNST

Stiller Tausch

Ca' Da Mosto erzählt in seinen Reiseberichten, dass die Nomaden des Nordens einmal im Jahr nach Mali kommen, am Strand ihre Salzfracht zu kleinen Haufen auftürmen und sich dann wieder einen halben Tagesmarsch weit zurückziehen. Daraufhin nähern sich die Leute aus der Umgebung, legen neben jeden Haufen eine mit Goldpulver gefüllte Börse und ziehen sich ihrerseits wieder zurück.

Kostbare Stäube!

Die Leute aus dem Norden kommen danach zurück, um das Geschäft zu begutachten. Sind sie zufrieden, stecken sie das Gold ein; sind sie enttäuscht, nehmen sie ihr Salz wieder an sich, ohne an das Gold zu rühren.

»Stiller Tausch« wird diese Art des Handels genannt.

Es heißt, dass der König von Mali, begierig, diese wandernden Schatten zu Gesicht zu bekommen und ihre Stimmen zu vernehmen, einen von ihnen durch eine List gefangen nehmen ließ. Man unterzog ihn einem Verhör in allen Sprachen des Reiches, in allen angrenzenden Sprachen und sogar noch in einigen anderen, ferneren. Er starb, ohne einen Seufzer von sich gegeben zu haben, am Ende des vierten Tages.

Haiku

Le lait a neuf noms
La lune sept et l'oeuf trois
Toi tu erres encore

Coulée de jasmin
Sur ce muret hérissé
De tessons luisants

Dans un sushi bar
Un très bel homme en baguettes
Me dit : « D'où vous êtes ? »

Je le sais

Ah, comment je le sais ? Chaque jour, dès que l'aube point, je
bourre, force, tasse et verrouille en moi, un moi lisse et crédible, ces
miennes personnes, farouches, rauques et pour ainsi dire damnées
à la rechute que le sommeil a déchaînées ; puis j'ôte le fiel de mon
foie, creuse à cris mes os et vois qui nous étions en rêve, là-bas, ce
que nous avons commis, les formules à réciter contre les maléfices
et les caches où se lovent les anneaux du temps. Je me masse les
clavicules, me pose trois doigts sur le coeur pour mieux accorder
ma voix à ses roulements — et je chante ce que j'ignorais que nous
savions, moi, moi et moi, Sisyphe à trois têtes, qui roulons à per-
pétuité notre rocher de lumière.

Haiku

Milch hat neun Namen
Der Mond sieben drei das Ei
Du irrst noch immer

In der Jasminschrift
Auf dieser Trockenmauer
Leuchtende Scherben

In der Sushi-Bar
fragt mich ein Stäbchen-Schönling
»Wo kommen Sie her?«

Ich weiß es

Ach, woher ich es weiß? Jeden Tag, sobald der Morgen graut,
verschließe und verriegele ich, ein glattes und glaubhaftes Ich, in
mir diese meine vom Schlaf entfesselten Personen: Unzähmbar
sind sie, heiser und sozusagen verdammt zum Rückfall; dann
entziehe ich meiner Leber Gift und Galle, höhle unaufhörlich
meine Knochen aus und sehe, wer wir im Traum waren, dort, was
wir begangen haben, die aufzusagenden Formeln gegen die
Verwünschungen und Schlupfwinkel, in denen sich die Ringe der
Zeit zusammenrollen. Ich massiere mir die Schlüsselbeine, lege
drei Finger auf mein Herz, um meine Stimmer besser auf seine
Wälzer abzustimmen – und ich singe, was, ohne dass ich es ge-
wusst hätte, wir wussten, ich, ich und ich, dreiköpfiger Sisyphos,
der wir lebenslänglich unseren Felsbrocken aus Licht wälzen.

Appel d'air

Irais-tu convoiter maudite
de ton prochain jusqu'au passé révolu…
Mélancolie ce sixième sens !
Non l'appétit des choses en son reflux
laisse déjà aux signes immense plage
et je m'en vais retournant un à un
          (quitte à y perdre l'onyx de mon ongle)
ces rochers gluants où l'algue mousse
Tant de secrets saumâtres hantent les marées basses !
mais au vrai le coquillage à mon oreille apposé
ne bruissera jamais que de l'écho attendu
de mon sang retourné
À qui veut entendre
          (captive de la nacre)
l'intraitable voix océane
un poème — toujours
sera meilleure conque

Luftzug

Begehrtest du verflucht
von deinem Nächsten bis ins längst Vergangene …
Melancholie diesen sechsten Sinn!
Nein jeder Drang überlässt in seinem Verebben
bereits den Zeichen weite Strände
und diese schleimigen Felsen an denen die Alge schäumt
ich drehe sie einen nach dem andern um
        (um den Preis meines Nagels Onyx zu verlieren)
So viele schale Geheimnisse suchen die Ebben heim!
Doch in Wahrheit wird die Muschel an meinem Ohr
stets nur das erwartete Echo rauschen
meines kreisenden Blutes
Wer sie hören will
        (gefangen im Perlmutt)
die unerbittliche Stimme des Ozeans
dem wird ein Gedicht – immerzu
das bessere Schneckenhorn sein

II. D'AIR ET D'EAU

M$_o$uette

Ne sachant plus sur quel pied danser
elle s'envola mais comme à regret
avec ce cri perplexe de nos oiseaux de mer
Offusquée peut-être son âme vire et volte
bat de l'aile au-dessus du tranchant de la falaise
et plonge à pic dans l'eau noire
par désespoir par vengeance aussi
Et nous tout ce temps courons sur le sentier côtier
en pleurant des larmes que le vent nous arrache
À considérer l'abîme plus bas qui bout
et notre tacite assentiment à son envol
d'angoisse molle nous nous tordons les mains

Tous comptes faits

Pesamment il monte à son étude en s'aidant de la rampe. Regardant
à la chandelle, c'est de jour qu'il y vient faire ses comptes. Et puis sa
vue n'est plus ce qu'elle était.

Sur la table à écrire, une botte de plumes près de l'encrier : taillées
par un artisan du pays, elles sont, à l'en croire, de bien meilleure
qualité que celles qu'on importe de Pologne. Du tiroir, il sort un
livre de comptes écorné et une lettre que le capitaine de *La Con-
corde* lui a adressée.

II. VON LUFT UND WASSER

Möwe (Stumm)

Nicht mehr wissend auf welchem Bein sie stehen sollte
flog sie fort aber wie reumütig
mit diesem verdutzten Schrei unsrer Meeresvögel
Vielleicht Anstoß nehmend dreht ihre Seele ab
gerät über der Klinge der Klippe ins Stocken
und stürzt lotrecht ins schwarze Wasser
aus Verzweiflung aus Rache wohl auch
Und wir laufen derweil über den Küstenpfad
vergießen die Tränen die der Wind uns entreißt
Den Abgrund dort unten erwägend der brodelt
und unser stillschweigendes Einvernehmen mit ihrem Flug
ringen wir uns vor lascher Angst die Hände

Unterm Strich

Schwerfällig steigt er am Geländer Halt suchend in sein Büro
hinauf. Der Kerze nach zu urteilen, geht er tagsüber dorthin, um
sich seiner Buchhaltung zu widmen. Und seine Augen sind ja auch
nicht mehr das, was sie einmal waren.

Auf dem Schreibtisch ein Sortiment von Federn neben dem
Tintenfass: Von einem einheimischen Handwerker zugeschnitten
sind sie bestimmt von viel besserer Qualität als die aus Polen
importierten. Aus der Schublade holt er ein stark in Mitleiden-
schaft gezogenes Rechnungsbuch und einen Brief hervor, den der
Kapitän der *Concorde* ihm geschickt hat.

Son menton crisse sous son index distrait : sa main glisse vers
l'échancrure de sa chemise, effleure la courbe de l'estomac puis
retombe entre des cuisses moites. Il songe que pour sa part, il
n'aurait jamais pu souffrir la chaleur des tropiques d'où son or lui
vient.

Il se divertit un moment des efforts d'une mouche prise à une toile
d'araignée. Par la fenêtre entrouverte, il appelle la petite servante
qui lui tient lieu d'exutoire.

Cannes

À Aimé Césaire, Édouard Glissant
et Saint-John Perse, clairvoyants visités par l'obscur :
auront pour nous trié messages,
tirant d'aucuns au clair — part belle faite au feu.
À Jean Toomer, sans aucun doute.
À Éva, tout naturellement.

    Par de telles nuits
nuits de dépit où la lune donne au monde le dos
où le bouger des arbres est sombre et plus sombre encore leur
    propos
à oser retenir le pas
on entendrait croître la canne

    Par une telle nuit
revenions d'une danse (Ève Victor et puis Simon)
À chacun son chemin à chacun sa chimère
en désamour de nos façons Zora avait pris par une autre sente
Nous trois œil à la lune et mains aux reins
foulions taiseux la raie de terre
qui partissait la canneraie aux longs cheveux

Sein Kinn raschelt unter seinem zerstreuten Zeigefinger: Seine
Hand gleitet in den Ausschnitt seines Hemdes, streift über die
Wölbung seines Bauchs und legt sich schließlich zwischen seine
klammen Schenkel. Ihm geht der Gedanke durch den Kopf, dass er
sie niemals ausgehalten hätte, die Hitze der Tropen, denen er sein
Gold verdankt.

Einen Augenblick lang zerstreut er sich an den Mühen einer Fliege,
verfangen in einem Spinnennetz. Durchs offenstehende Fenster
ruft er nach der kleinen Dienstmagd, die ihm als Ventil dient.

Rohre

Für Aimé Césaire, Édouard Glissant
und Saint-John Perse, klarsichtige vom Dunkel Heimgesuchte:
die für uns Botschaften verlesen und dabei so manche
erhellt haben werden – Vorrang dem Feuer.
Für Jean Toomer, ganz gewiss.
Für Éva, selbstverständlich.

In solchen Nächten
Nächten aus Verdruss in denen der Mond der Welt den Rücken kehrt
die Bäume sich finster regen und ihre Rede noch finstrer ist
wenn man denn innezuhalten wagte
würde man das Rohr wachsen hören

In einer solchen Nacht
kamen wir vom Tanzen zurück (Ève Victor und Simon)
Jedem seine Pfade jedem seine Grillen
verärgert über unser Gebaren hatte Zora einen anderen Weg
    eingeschlagen
Wir drei Auge auf dem Mond Hände in den Hüften
stampften schweigsam über den erdigen Scheitel
der das lange Haar der Zuckerrohrplantage teilte

Une telle nuit
n'est-ce pas un siècle… (tenta l'un des nôtres inquiet un fétu)
Mais voici qu'un vent nouveau dérangeait la canne
une folie flûta parmi les feuilles vaines
et la brève beauté de la lune nous échappait à mesure
Ève fut la première tout soudain elle voit
serpent vert tige à venin bagasse baguette
(moisson… quelle moisson à notre insu…)
canne furtive d'une coudée à peine
qui par saccades nous suivrait…

pressons l'allure à présent courons
robe qui bat sur hanche qui roule
paumes de peur abluées
effroi qui fauche au creux des cuisses
(non aux lombes où c'est l'amour qui broie)
croyons enjamber des lieues
                              chutons en précipices
glabre la lune au-dessus de nos têtes et son dos si gibbeux
oh la canne la canne avançait par bonds!

Victor tombé à genoux contre son us se signa
murmurant un poème que sitôt sûmes prière planta
(comme planteurs font) ses doigts dans le ventre de la terre
en fut quitte pour sa brûlure rampa
vers la machette feinte qui serait au talus à rouiller
han! tranche et tranche féconde épouvante
sept sarbacanes sur nos talons!

Sortilèges de la vieille côte honneur pour la visite!
Simon avançait son visage un masque impossible à remettre
Se prit à danser parmi les voltes et culbutes de la canne maudite

Eine solche Nacht
ist das nicht ein ganzes Jahrhundert ... (versuchte sich einer von uns
    mit einem Strohhalm Besorgtheit)
Aber da erhob sich ein neuer Wind und fuhr durchs Rohr
ein Wahn flötete zwischen den eitlen Blättern
und die flüchtige Schönheit des Mondes entzog sich uns entsprechend
Ève war die Erste auf einmal sieht sie
Schlange stängelgrün giftig Bagasse Stab
(Ernte ... was für eine Ernte von der wir nichts ahnten ...)
Flüchtiges Rohr kaum eine Elle lang
die uns ruckartig folgen würde ...

    sputen wir uns rennen jetzt gar
Kleid schlägt gegen Hüfte die schlingert
Handteller angstverwaschen
Entsetzen das zwischen die Beine fährt
(nein in die Eingeweide wo die Liebe knirscht)
glauben Meilen zu überbrücken
                        stürzen in Abgründe
kahl der Mond über unseren Köpfen und sein Rücken so bucklig
oh das Rohr das Rohr es kam springend voran!

    Victor auf die Knie gefallen nicht seine Art bekreuzigte sich
ein Gedicht murmelnd das wir sofort als Gebet erkannten pflanzte
seine Finger (wie Pflanzer es tun) in den Bauch der Erde
kam mit seiner Verbrennung davon kroch
zur fingierten Machete die da im Dickicht verrosten würde
und zack! köpft und köpft fruchtbarer Schrecken
sieben Blasrohre auf unsren Fersen!

    Zauber der alten Küste Ehre dem Besuch!
Simon trat einen Schritt vor sein Gesicht eine unmöglich wieder
    anzulegende Maske
Fing an zu tanzen zwischen den Volten und Purzelbäumen
    des verdammten Rohres

Tant va son pied à la poussière qu'à la fin il exulte
écume, pleure et vaticine Serpent vert de l'adversité !
flûte à venin ! baguette raboutée !
tant de lieues enjambées et comme ça les nôtres
través-transis dans la canne et le doute
La vipère pardon c'est l'écaille seulement
Viens-t-en lune de mai viens nous ouvrir la route
Mais la déloyale pacotillait ses dorures dans l'ombre
et de nous autres dame ! nulle cure

    Ève comme à l'accoutumé accueille sans biais l'insolite
remettant à demain de vanner la sorcerie
que le grain se libère enfin des ivraies
Pour moi dit-elle la vie
c'est à confiance qu'elle se prend
tantôt matines sonneront !
À la file dévalons vers le bourg en contrebas
Elle à rebours tirée (étant la dernière) aurait alors deviné
sept serpents en sentinelle au seuil du monde transgressé
canneraie rougeoyant d'une braise qui n'est pas d'aujourd'hui
ses tiges les piques d'une mutinerie ancienne
toute casquée de feuilles et de plumes panachée
qui de terre s'arrache dans un fracas de fers !

    De l'affaire jurâmes de ne causer à âme qui vive
(au bourg les langues vont bon train
et Zora qui déjà nous plaint le bonjour)
avant de nous séparer hâtifs
sur trois baisers d'esquive

    C'est par une telle nuit
nuit sans lune ni regrets qu'Ève
me sachant une tombe
prit sur elle de tout me bien conter

Sein Fuß geht so lange zum Staube bis er jauchzt
schäumt weint und orakelt Grüne Schlange des Unglücks!
Giftflöte! Zusammengesetzter Stab!
so viele Meilen gelaufen und so die unsren
verharrend erstarrend im Rohr und im Zweifel
Die Viper pardon es ist nur mehr die Haut
Komm herbei Maimond komm und bahne uns den Weg
Aber der Pflichtvergessene veräußerte sein Talmi im Schatten
und um uns verdammt! scherte er sich nicht

    Ève wie gewöhnlich empfängt ohne Umschweife das
    Ungewöhnliche
verschiebt das Worfeln des Hokuspokus auf morgen
auf dass sich der Weizen endlich von der Spreu trenne
Ich sagt sie ich pack' das Leben
mit Zuversicht beim Schopf
sobald Morgen läutet!
Lasst uns hinunter ins Dorf eilen
Sie die es nach hinten zog (sie war die Letzte) hätte also
sieben Schlangen sieben Wächter an der Schwelle
zur überschrittenen Welt erahnt
Zuckerrohrplantage die sich rötete in einer Glut nicht von heute
ihre Stängel die Stacheln einer alten Meuterei
behelmt mit Blättern und mit Federn panaschiert
die sich der Erde unter eisernem Scheppern entreißt!

    Von dem Vorfall kein Sterbenswörtchen zu sagen schworen wir
(im Dorf sitzen die Zungen locker
und Zora die sich schon ein Guten Tag abringt)
bevor wir uns überhastet trennten
nach drei ausweichenden Küssen

    In einer solchen Nacht ist's
Nacht ohne Mond ohne Reue dass Ève
sie wusste ich war ein Grab
auf sich nahm mir alles genau zu erzählen

L'oiseau de Septembre

I

Gestes au miroir dans une mesure sans rime ni raison
Une porte grince une persienne claque — conversations
Ce n'est rien juste le temps qui tente de battre la mesure
Arpente ses quartiers vétustes en claquant du talon
du vestibule à la souillarde du cellier à la soupente
La clé la clé est dans la redondance le reflet le renom

II

Ainsi ils ont
de fines paupières d'un bleu
virant sur le violet et des ongles très-longs
au bout des bambous roses qui leur tiennent lieu de pattes
Monceau de plumes inerte sur l'émail veiné de l'évier
un mince filet de sang les y retient
Leurs trilles
c'est depuis le rez-de-chaussée
au-dessus des conversations du voisinage
que je les avais cherchées
oh sans les chercher
simple preuve que j'étais arrivée
assurance
que tout serait comme il fallait que cela fût
Or l'horloge dans le silence
avait retrouvé sa voix et son ballant
Ainsi elle a cette femme des yeux gris un air sagace
qui vire au défi Et pour parachever la contenance
elle (Louise) serre son ouvrage au creux de l'aisselle

Septembers Vogel

I

Gesten vorm Spiegel in einer Bruchbude ohne Sinn und Verstand
Eine Tür quietscht eine Jalousie klappert – Stimmengewirr
Es ist nichts nur die Zeit die den Takt zu schlagen versucht
misst mit ihren Absätzen klackend diese veralteten Quartiere aus
von der Diele bis zur Speisekammer vom Vorratskeller bis zum
    Dachboden
Der Schlüssel der Schlüssel liegt im Redundanten im Reflex im Ruf

II

So haben sie
feine Lider aus einem Blau
das sich lila färbt und sehr lange Krallen
am Ende der rosa Bambusstängel die ihnen als Beine dienen
Regloser Federhaufen auf der geäderten Emaille der Spüle
ein dünnes Rinnsal Blut hält sie dort zurück
Ihre Triller
vom Erdgeschoss aus
oberhalb der Gespräche in der Nachbarschaft
hatte ich nach ihnen gesucht
oh ohne sie zu suchen
schlichter Beweis dass ich angekommen war
Versicherung
dass alles so sein würde wie es sich gehört
Die Uhr aber hatte im Schweigen
ihre Stimme und ihr Pendeln wiedergefunden
So hat sie diese Frau graue Augen einen scharfen Blick
beinah herausfordernd Und um die Haltung zu vollenden
klemmt sie sich (Louise) das Strickzeug unter ihre Achsel

Sous le tablier une jupe grise puis le bambou sec de ses mollets
Comme il faut dit-elle La connaissant j'entends — à la perfection

III

Tournons la page
pauvres de nous et puis le temps
Rappel (non du mois où sa mère avait mis bas mais)
de la saison où l'on jugea raisonnable
passés frimas et miasmes qui fauchent les plus frêles
de l'inscrire au registre des vendables vivants
on la fit nommer Septembre
Sans compter qu'en s'étoffant elle ferait
belle bourrique pour les champs
passable poularde pour la couche de l'hôte
propre encore à accueillir les premiers ruts
du jeune seigneur de la Maison
Mais voilà que Septembre
prit de la plantation sa volée En son balluchon
l'oiseau de bois sculpté par ce Marron boiteux
(Tiens petite ce jouet Oiseau qui migre
oublie son nom mais pas sa route Qui dit que le coeur
hein Septembre comme un genou connaît plier…)
C'est bien plus tard que Septembre l'ancienne
qu'au Nord on murmurait affranchie-de-talons
suivie de loin par une mort sans zèle
lance le talisman de bois aux braises de l'âtre
pour ouvrir à son âme la voie

Unter der Schürze ein grauer Rock und der Bambus ihrer trockenen
    Waden
Wie's sich gehört sagt sie So wie ich sie kenne verstehe ich – tadellos

III

Blättern wir um
wir Armen und dann auch die Zeit
Eingedenk (nicht des Monats da ihre Mutter sie warf)
jener Jahreszeit als man für vernünftig erachtete
Vergangenes Raureif und Pesthauch sensen die Zarten
sie ins Register der lebendig Verkäuflichen einzutragen
Man nannte sie September
Ganz abgesehen davon dass sie heranwachsend
ein sehr schöner Esel fürs Feld
ein ansehnliches Masthuhn für das Gastlager
sein würde ja sogar geeignet die erste Brunft
des jungen Hausherrn zu empfangen
Doch da flog September
der Pflanzung davon In ihren Siebensachen
der Holzvogel geschnitzt von jenem hinkenden Maroon
(Hier Kleine nimm dieses Spielzeug Ein Zugvogel
vergiss seinen Namen aber nicht seinen Zug Wer sagt denn September
dass das Herz so wie ein Knie zu beugen sich weiß …)
Viel später erst da wirft September die Alte
von der man im Norden raunte
sie sei auf und davon auf Schusters Rappen
mit gehörigem Abstand verfolgt von einem Tod ohne Eifer
den hölzernen Talisman in die Glut der Herdstätte
um ihrer Seele freien Lauf zu lassen

IV

Louise et Septembre
femmes de fière folie
de vraie et violente vertu
qui jamais n'auraient laissé le hasard
régisseur du théâtre de leur agonie
L'une exige d'être vivement consumée
s'éteignant en une myriade d'étoiles de feu
(Et surtout qu'on disperse mes cendres ! car je ne suis pas d'ici)
L'autre veut que le sifflet lui soit coupé (d'un seul coup d'un seul !)
À preuve
ce geste las vers ses oiseaux des îles
qui gisent sur l'évier fraîchement étranglés toujours chéris
Après moi qui en prendrait soin… demande-t-elle
Comme il faut hein… La connaissant j'entends — à la perfection

IV

Louise und September
Frauen stolzen Wahns
von wahrer gewaltiger Tugend
die es niemals dem Zufall überlassen hätten
das Zepter zu schwingen beim Schauspiel ihrer Agonie
Die eine verlangt lichterloh verbrannt zu werden
erlöschend in einer Myriade aus Feuersternen
(Und vor allem verstreue man meine Asche! Denn ich bin nicht
    von hier)
Die andere will dass man ihr die Kehle durchschneide (mit einem
    Schlag mit einem einzigen)
Zum Beweis
jene matte Geste für ihre Inselvögel
die frisch erwürgt noch immer geliebt in der Spüle ruhen
Wer soll sich nach mir um sie kümmern ... fragt sie
Wie's sich gehört nicht wahr ... So wie ich sie kenne verstehe ich –
    tadellos

Génocide

En bas, la rue aiguisait en riant ses couteaux.

— Pourquoi eux ? Comment calculez-vous la différence ? Que ne donnez-vous l'ordre de suspendre cette tuerie avant qu'elle ne s'étende ?

— C'est que nous, nous maîtrisons l'art des gestes ; eux, depuis la nuit des temps, se contentent de mouvements. Advienne que pourra. Pour ma part, je m'en lave les mains.

En histrion consommé, il joignit le geste à la parole.

Éclata ce premier hurlement — un à vous glacer le sang — suivi de vociférations. Par la baie vitrée, on vit les lames se mettre à trancher, méthodiques, et quelques corps danser grotesquement avant de s'effondrer.

Ce qu'il fallait démontrer, sans doute.

Généalogie

Heureux qui comme cet aïeul
lègue au puits d'une île
son nom

LE SEAU percuterait les parois du puits
comme pour sonner chaque temps de sa chute
sa grave plongée aux entrailles du temps
son retour éclaboussé d'enfant prodigue
Fraîche et douce l'eau tirée nous ondoierait les mains
Mais c'est un bidon coupé au col qui glisse
(sans à-coups sans bruit
au seul gré de la corde qui gonfle)
jusqu'à toucher le tréfond noyé de mystères

Genozid

Unten wetzte die Straße lachend ihre Messer.
– Warum sie? Wie berechnet ihr die Differenz? Warum gebietet
ihr diesem Gemetzel nicht Einhalt, bevor es sich noch ausweitet?
– Weil wir die Kunst der Gesten beherrschen; sie begnügen sich
seit Anbeginn der Zeiten mit Bewegungen. Komme, was mag. Ich
für meinen Teil wasche meine Hände.
Als vollendeter Histrion fügte er die Geste ans Wort.
Da brach dieses erste Gejohle aus – eines das dir das Blut in den
Adern gefrieren lässt – gefolgt von Gebrüll. Durch die Fenster-
scheiben war zu sehen, wie die methodischen Klingen zu schnei-
den und einige Körper grotesk zu tanzen begannen, bevor sie in
sich zusammensackten.
Was es zweifellos zu beweisen galt.

Genealogie

Glücklich wer wie jener Ahne
dem Brunnen einer Insel vermacht
seinen Namen

DER EIMER stieße gegen die Brunnenwand
um jeden Moment seines Falls zu läuten
sein Tauchen in die Eingeweide der Zeit
seine Wiederkehr als verlorener Sohn
Frisch und sanft träufelte das geschöpfte Wasser unsre Hände
Aber es ist ein geköpfter Kanister
der da hinabgleitet
(ohne anzustoßen geräuschlos
ganz nach dem Willen des aufquellenden Seils)
bis er ans Innerste rührt in Mysterien getränkt

jusqu'à brouiller l'orbe d'eau et de lumière
où se mire la cime sobre d'un rônier
Il sera jaune et lisse
étonnant d'efficience et de légèreté
ce delou de plastique
et mémorieux encore
avec son gros butin d'images et de gouttes
Souviens-toi dit le sage de ceux qui feront ta descendance
comme le seau le sang monte erre un peu et puis retombe
il est comme le souvenir plein d'enseignement

LA CORDE tressée de trois brins de doute
rassurante pourtant comme une fable des origines
va docile et vient
On l'avait arrimée un jour de besoin
à un tronc dessouché par le vent de mer
raccorni de chaleur roulé enfin
racines au clair auprès de l'orifice
Ce portique rasant ainsi la terre
le puits engoula la corde
— en tiers désormais
entre glaise et broussis
lèvres et ventre
passé et vision
à haler vers la lumière
son poids de vérités sur des lignages anciens
(A l'heure du forer n'avait-il pas prédit
le puisatier que le lieu était propice et convenait
que le puits proférerait de plus hautes paroles…)
Certains racontent que la femme d'autrui
pour s'être penchée au-dessus de la béance
aurait un soir essuyé quelqu'éclaboussure
Et la voilà qui d'une main ramasse
pagnes et macules de l'autre empoigne

und die Oberfläche aus Wasser und Licht trübt
auf der sich die karge Krone einer Palme spiegelt
Er wird gelb und glatt sein
überraschend effizient und leicht
dieser Delou aus Plastik
und mit gutem Gedächtnis noch dazu
mit fetter Beute an Bildern und Tropfen
Entsinne dich sagt der Weise jener die deine Nachkommenschaft
     sein werden
wie der Eimer steigt das Blut irrt etwas umher und fällt wieder
ganz wie die Erinnerung ist er voller Lehren

DAS SEIL geknüpft aus drei Fasern Zweifel
und doch beruhigend wie eine Mär von den Ursprüngen
surrt gefügig auf und ab
Eines bedürftigen Tages war es
um einen vom Meereswind entwurzelten
von der Hitze gehärteten und schließlich
ans Loch gerollten Stamm gebunden worden
Dieses also gleichsam ebenerdige Gerüst
der Brunnen er schluckte das Seil
– als Dritter fortan
zwischen Lehm und Gestrüpp
Lippen und Bauch
Vergangenem und Aussicht
ans Licht zu hieven
sein Gewicht an Wahrheiten über alte Geschlechter
(Hatte der Brunner nicht zur Stunde der Bohrung
vorausgesagt dass der Ort ergiebig und geeignet war
der Brunnen höhere Worte verkünden würde …)
Einige erzählen dass eines anderen Frau
eines Abends als sie sich über die Öffnung gebeugt
ein paar Spritzer abbekommen hätte
Und da rafft sie nun mit einer Hand
Schurze und Flecken hoch greift mit der anderen

la corde moite qui ondule
Ses jambes une fois risquées elle se coule
dans le cercle étroit des repentances
(elle ira y noyer sa honte et finir sa lignée)
Mais elle s'effiloche la corde à fréquenter la margelle
et en déchausse une à une les briques
Mousse et salpêtre finissent par ensemble se loger
dans chaque fissure dans le moindre interstice
Ignore dit le sage les basses messes des calomnieux
souviens-toi de tes songes sois leur fervent disciple
Ici c'est en claquant des doigts qu'on se souvient le mieux

De MARGELLE notre puits n'en a pour ainsi dire point
à peine le marque une hausse cylindrique
que jouxte un arbre couché
Et nulle femme tombée
une ou deux peut-être qui méfiées
à l'aube parfois vacillèrent
Aucun foetus à dénoyer aucune faute
l'eau est pure et désaltère
(Saumâtre dit le marchand
qui vient de loin enfourché sur son baudet)
Ah que l'enfant de mon enfant
un seau calé sur les pensées
en sente un jour les perles rouler
de son front sûr à son pied saisi
Ou bien qu'elle offre son chant en pâture
aux esprits gardeurs qui
de s'imaginer par nous répudiés
besognent double à ensabler notre soif
à tarir notre postérité
Car si l'eau peu à peu allait pour se perdre…
Si jamais dites elle refusait de sourdre
nimbée comme jadis d'un parfum de gésine

nach dem klammen baumelnden Seil
Ihre Beine erst aufs Spiel gesetzt ergießt sie sich
in den engen Kreis der Reue
(sie wird dort ihre Scham ertränken und ihr Geblüt enden)
Doch das Seil reibt sich auf am Brunnenrand
und bringt Ziegel um Ziegel aus den Fugen
Moos und Salpeter ziehen schließlich gemeinsam ein
in jede Ritze in den kleinsten Spalt
Achte nicht sagt der Weise auf die stillen Messen der Verleumder
entsinne dich deiner Träume sei ihr eifriger Schüler
Hier erinnert man sich am besten wenn man mit den Fingern schnalzt.

Einen BRUNNENRAND hat unser Brunnen eigentlich gar nicht
Zylindrisch hebt er sich so gerade vom Boden ab
an einen gefällten Baum grenzend
Und keine Frau die hineingefallen wäre
eine oder zwei vielleicht die verschrien
im Morgengrauen mitunter ins Wanken gerieten
Kein Fötus zu entwässern kein Fehltritt
das Wasser ist rein und erquickend
(Brackig sagt der Händler
von weit her gekommen auf seinem Esel)
Ah dieses Wasser es möge eines Tages
dem Kind meines Kindes
von der klaren Stirn bis zu seinen Füßen
ein Eimer geeicht auf die Gedanken
perlend herabrinnen
Oder es möge mit seinem Gesang
die Wächtergeister letzen
die sich von uns verstoßen glauben
und doppelt schuften unseren Durst zu versanden
unsere Nachwelt zu versiegen
Denn wenn das Wasser nach und nach verloren ginge …
Wenn es ach sprecht es nicht aus! nicht mehr fließen wollt'
umweht wie einst von einem Wochenbettgeruch

ou encore de refléter (au lieu du rônier labile)
ce visage enfantin qui scrute le calice
où roucoule son affleurement…

Béni dit le sage l'Impavide ton aïeul
qui laissa au puits d'une île
son nom

En gros…

On the whole, I'm quite pleased with Africa.
JOHN COLTRANE

Sur la vitre du car bordée de rideaux de jute jaune•qui coulissent
à l'horizontale sur un rail souple et qu'on serrera à droite et à
gauche, si besoin est, par une patte de même couleur garnie d'un
velcro,

sur cette vitre, donc, juste au-dessus de la ligne des baobabs,

enchevêtrées comme leurs courtes branches, mais plus fines
et délicates que cils, les pattes brisées d'un moustique qui adhère
encore légèrement de son corps filiforme au carreau brûlant.

oder nicht mehr spiegelte (anstatt der hageren Palme)
dieses Kindergesicht das den Kelch erforscht
wo sein Auftauchen gurrt

Gesegnet sagt der Weise der FURCHTLOSE dein Ahne
der dem Brunnen einer Insel hinterließ
seinen Namen

En gros ...

On the whole, I'm quite pleased with Africa.
JOHN COLTRANE

Auf der Scheibe des Busses – sie ist gesäumt von gelben Jutevor-
hängen, die in der Horizontalen an einer biegsamen Leiste je nach
Bedarf nach rechts oder links gezogen werden können, dank eines
Klettverschlusssaumes in gleicher Farbe –

auf dieser Scheibe also, knapp über der Linie der Baobabs,

verflochten wie ihre kurzen Zweige, aber dünner und feiner als
Wimpern, die gebrochenen Beine einer Mücke, die mit ihrem
filigranen Körper noch leicht am heißen Glas haftet.

Portrait en miettes

Les vivants ne renoncent pas aux morts,
pas plus que les morts au retour
PAOL KEINEG

de ses mains j'ai fait mon deuil
mais de ses gestes non
une façon
de la suspendre au clou sa canadienne
et de rêver bref en surplomb de son soulier
(du débarras sa toux)
peut-être déjeunait-il
son couvert étant mis
mais à bouchées bien lentes
comme un qui sait peser à peine
compter de chaque chose le coût
peut-être pas après tout

sa manière en tous cas
de plier sec
le fil du canif dans son manche
pour d'un pivot de hanche le fourrer
tout au fond de la vaste poche de son bleu
là où il range
un porte-monnaie cuvette une blague à tabac
le briquet d'argent ramassé un jour de chance

ainsi traverse-t-il silencieux
les chambres calmes de mon enfance
(sa toux à chaque embrasure)
dans un halo de choses désuètes et de mots vieux
de sa voix je n'ai plus vestige
seule me revient en écho sa toux

Porträt in Krumen

Die Lebenden, sie entsagen den Toten nicht,
nicht mehr als die Toten der Wiederkehr.
PAOL KEINEG

die trauer um seine hände sie liegt hinter mir
die trauer um seine gesten nicht
seine weise
es an den nagel zu hängen sein holzfällerhemd
und über seinen schuh gebeugt kurz zu träumen
(aus dem kabuff sein husten)
vielleicht aß er zu mittag
es war für ihn gedeckt
aber in langsamen happen
wie einer der die mühe zu wiegen
was jegliches kostet zu zählen weiß
vielleicht auch nicht alles in allem

und erst seine weise
die schneide des taschenmessers
in den griff einschnappen
und es dann mit einem hüftschwung
tief in der weiten tasche seines blaumanns
verschwinden zu lassen
wo er auch ein portemonnaie einen tabaksbeutel
und das an einem glückstag gefundene
silberfeuerzeug verstaut

so durchquert er schweigsam
die stillen zimmer meiner kindheit
(bei jedem luftzug hustend)
gehüllt in eine aura obsoleter dinge und alter worte
von seiner stimme ist mir kein relikt geblieben
nur sein husten hallt in meinem ohr noch wider

de quoi nourrir un poulailler !
miettes immédiates en sages petits tas
restes prestes au garde-manger retournés
car ordre aux pauvres tient lieu de capital
et puis c'est gage d'honnêteté
ça elle elle y croit dur comme fer
et sa cuisine de fleurer le ragoût la javel
et ce cuir de russie fourgué par ses patrons
des gens très bien dit-elle et qui reçoivent beaucoup
haussement d'épaules placide outrage
il passe dans la pièce voisine
celle qu'on dit salle à manger
à deux doigts de la table un sommier
depuis toujours y fait divan

il sera donc debout près du poêle
(à sa toux on en juge)
à débrouiller le poste de radio
ou bien assis livre en main
coudes sur les genoux
de lui ne me restent plus
que rides et raie
que la voussure du dos
je le connais aussi
ami du *larousse* et des algériens
féru du jeu des mille francs fort en argot
chineur des connivences du cul et de la botte
du chef et du larbin
et je connais cette toux
qui vire au râle soudain

ein ganzer hühnerstall wäre davon satt zu kriegen!
unmittelbare krumen auf kleinen braven haufen
und reste rasch wieder im speiseschrank verstaut
denn ordnung ist das kapital der armen
und ihr pfand der ehre
daran glaubt sie eisern
und ihre küche duftet nach ragout javel
und jenem cuir de russie
das ihm seine arbeitgeber angedreht haben
sehr anständige leute sagt sie die oft empfänge geben
leichtes achselzucken frevel
er geht in den raum nebenan
den man esszimmer nennt
dicht neben dem tisch steht ein rost
der dort jeher als sofa dient

er wird also am ofen stehen
(dem husten nach zu urteilen)
das radiogerät in ordnung bringen
oder aber daneben sitzen
ein buch in der hand
die ellbogen auf den knien
von ihm bleiben mir nur
falten und scheitel
die krümmung des rückens
ich kenne ihn auch
als freund des *larousse* und der algerier
eifrigen hörer des gewinnquiz im radio
der gossensprache mächtig
fahnder stillschweigenden einvernehmens
zwischen arsch und stiefel
herr und diener
und ich kenne dieses husten
das plötzlich zu einem maulen wird

journée de juillet
il sait la branche dont on tire bâton de marche
et qui mieux gaulera la noix
ou défera des vipères le noeud gluant
il lit l'heure face au soleil
un fétu de paille coincé entre deux doigts

journée de janvier
à la bibliothèque du quartier nous deux plongés
lui dans un gros livre d'histoire et moi dans un *tintin*
sur le chemin du retour
                        arrêt furtif au bistrot
une grenadine pour la petite dans un verre à vin
qu'elle aussi trinque avec les copains !
trahi pour un berlingot dès le seuil sévère
finies les balades main dans la main
(et tintin le sirop)

journée de printemps
rasé de près et serviette sur l'épaule
il revient des bains-douches
avec boîte à savon lames et blaireau
dans son sac à ficelle en nylon

années vert-de-gris
quelques embrouilles rebiffades et menteries
qu'on embellira au fil du temps
c'est qu'il ne s'en laissait pas conter dites par l'occupant
quand bien même son père (il paraîtrait que)
c'était un grand roux d'allemand

alité après l'accident
dos en miettes dans sa coquille blanche

ein julitag
er weiß genau welcher ast zum wanderstabe taugt
wer verstünde sich besser aufs abschlagen der nüsse
oder aufs ausheben der otternbrut
die tageszeit liest er an der sonne ab
einen strohhalm zwischen zwei fingern

ein januartag
in der stadtbücherei wir beide vertieft
er in einen wälzer über geschichte ich in *tim und struppi*
auf dem rückweg
                    kurzer halt im bistro
einen granatapfelsirup für die kleine in einem weinglas
damit auch sie mit den freunden anstoßen kann!

für ein bonbon verraten gleich hinter der strengen schwelle
vorbei ist's mit den spaziergängen hand in hand
(und schluss mit dem sirup)

ein frühlingstag
frisch rasiert und handtuch über der schulter
kommt er aus dem badehaus
mit seifenkiste klingen und pinsel
in seiner nylontasche

die kriegsjahre
ein paar ärgernisse abfuhren lügereien
die im lauf der zeit schöngeredet werden
denn von den besatzern ließ er sich
wo kämen wir denn hin!
keinen bären aufbinden
obwohl sein vater (anscheinend wohl)
ein großer deutscher rotschopf war

bettlägerig nach dem unfall
der rücken war brei in seinem weißen gipspanzer

on dirait
chutée d'un camion
une tortue à la renverse qui s'époumonne
car sa toux par à-coups
remplit le col trop large de son vêtement

et aussi
sans patience d'ordinaire pour racontars et bondieuseries
il l'avait prise sous l'aisselle avec sa jambe démise
arrachée au mépris du grand médecin
(à la guerre madame comme à la guerre)
et d'un trait menée qui boitait
chez le rebouteux rue de mouzaïa ou bien des solitaires
le paris d'hier en comptait encore quelques-uns

un pain posé à l'envers
il n'avait de cesse qu'on le retourne
de peur dit-on disait-il
que le diable n'y mène bon train
elle-même avait fini par perdre l'usage
juste avant de l'entamer
d'en signer la croûte de la pointe dévote du couteau
(que certains en tiennent pour le
rompre et d'autres pour le
couper ça lui il s'en fichait plutôt)
mais chaque quignon elle sauvait
car c'est péché que de prodiguer le pain

de hauteur jamais de colère non plus
et toujours sur ses gonds
une seule fois je l'ai vu
d'un revers de manche écraser
une goutte de chagrin qui boulait
sur l'aile de son nez

hätte man meinen können
eine vom lastwagen gestürzte
schildkröte rücklings nach luft ringend
denn sein husten füllte ruckartig
den zu weiten hemdkragen

und auch
meistens ohne geduld für geschwätz und frömmeleien
hatte er sie sich unter die achsel geklemmt mit ihrem verrenkten
der verachtung des großen arztes entrissenen bein
(im krieg madame so wie im krieg)
und sie schnurstracks hinkend
zum heiler rue de mouzaïa oder irgendeinem einsiedler geschleppt
im paris von damals gab es solche leute noch

ein auf dem rücken liegendes brot
musste sofort umgedreht werden
aus angst sagt man sagte er
dass der teufel darunter auf großem fuß lebt
sogar sie hatte schließlich den brauch vergessen
bevor es angeschnitten wurde
mit frommer messerspitze in die kruste ein kreuz zu ritzen
(hingegen war die frage ob man es
brechen oder aber schneiden musste
ihm eher einerlei)
jeden ranft aber rettete sie
denn brot zu verschwenden ist sünde

nie weder hochmut noch wut
immer platz in seinem kragen
ein einziges mal habe ich gesehen
wie er mit seinem ärmelrücken
einen kummertropfen zerdrückte
der auf seinem nasenflügel saß

de lui ne me restent que miettes
comme celles qu'au sortir de table
on pousse d'un coup d'éponge
de la toile cirée au creux de la main
jamais ô grand jamais je le crains
justice ou même portrait ne lui feront

tenez   à tenter   ces miettes
          d'entasser   en toute petites strophes sages
je perds le goût du pain
et le présent crissant déjà sous le couteau
quelles miettes de moi
je me demande
demain…

Brève de main

Car du geste qui ne s'entend ni ne s'écrit
n'est-il pas juste de dire qu'il est
pensée qui s'effile dans l'air
propos qui cogne le vide
ombre portée du néant…

À devancer le mot
l'épouser s'entremettre
il s'impose en ses retombées
On l'oublie c'est la toile qu'il crève
Chétif maladroit il désoblige
dessert la cause que j'entends
Démonstratif parfois
la faute au sud si tu gesticules
veux-tu bien le retenir ce bras !

von ihm bleiben mir nur krumen
wie jene die man nach dem essen
mit dem schwamm vom wachstuch
in die hohle hand wischt
nie oh nie und nimmer so fürchte ich
wird ihm gerechtigkeit oder gar porträt widerfahren

seht   beim versuch   diese krumen
          aufzuhäufen   in winzigen braven strophen
verliere ich den geschmack am brot
und das knirschende jetzt schon unterm messer
frage ich mich
welche krumen von mir
morgen …

Einsilber Hand

Denn von der Geste die man weder hört noch schreibt
könnte man von ihr nicht sagen sie sei
Gedanke in Luft aufgelöst
Absicht gegen die Leere stoßend
Schatten vom Nichts getragen …

Greift sie den Worten vor
heiratet sie steht dazwischen
drängt sie sich in ihrem Nachwirken auf
Man vergisst es sie sticht ins Bild
Ärmlich ungeschickt ist sie kränkend
schadet dem Anliegen das ich hege
Demonstrativ mitunter
schuld ist der Süden wenn du gestikulierst
Wirst du ihn wohl ruhen lassen deinen Arm!

Il m'appartient en propre
à mon répertoire je l'emprunte
le surjoue au besoin l'interromps savamment
D'un doigt on conduira tout l'orchestre
et aux étoupes mettant le feu
on rendra plausible l'histoire — infidèle l'amant

Car d'un signe au ciel
qui sait ce que je sais
fera la pluie et le beau temps

Il est une signature
qu'on paraphe ou rature
Son luxe son parfum
aux quatre vents on sème
quand d'aventure
la main d'elle-même s'éprend

La métamorphose du roi

Mais cette effervescence à présent transit
et les coeurs soudain aqueux des marins atermoient
Calme sournois : la mer tombée en dormance
remugle oscille et divague encore
Regardez plutôt comme Bata Manden Bori
se prend à chalouper haut et grave sur les planches
Sans répit il tournoie tressaille et se penche
Le voilà finalement qui entre en une rapide transe
et comme un qui à l'envol s'apprivoise
lève déjà son pied rouge d'impatience
Puis à secousses il s'abstrait et s'épure :
son nez s'allonge en un bec recourbé

46

Sie ist mein Eigentum
meinem Repertoire entlehne ich sie
überspitze sie unterbreche sie gekonnt
Mit einem Finger wird das Orchester dirigiert
und das Werg anzündend
wird die Geschichte glaubhaft – untreu der Geliebte

Denn aus einem Zeichen am Himmel
wird wer weiß was ich weiß
Regen oder schönes Wetter machen

Sie ist eine Signatur
die man paraphiert oder streicht
Ihre Pracht und ihr Duft
man sät sie in alle Winde
wenn zufällig
die Hand sich für sich selbst entfacht

Die Verwandlung des Königs

Doch dieses Sprudeln es salzsäult nun
und die plötzlich ganz wässrigen Matrosenherzen suchen nach
Aufschub Heimtückische Stille: Das Meer in Keimruhe
schwallt schwankt schwatzt weiter
Schaut lieber wie Bata Manden Bori
das Schunkeln überkommt hoch und ernst auf den Planken
kreist er wippt und kippt er hin und her
Nun gerät er gar in eine geschwinde Trance
und wie jemand der beim Abflug sich fasst
hebt er bereits einen Fuß ganz rot vor Ungeduld
Ruck um Ruck abstrahiert und läutert er sich:
Seine Nase verlängert sich zu einem gekrümmten Schnabel

les manches de sa saie lui font de belles ailes
et son dos s'empenne sur toute son envergure
D'un saut il se perche à la proue de la nacelle
et ses griffes nouvelles crochent le bout-dehors
Fuse alors le cri de l'oiseau pipé
qui trop tard reconnaît la chanterelle
Regardez le roi regardez Manden Bori
silhouetté sur l'horizon moiré de rose
qui à l'étrave se fige et à jamais prend bois
L'égal de l'oiseau ne sera plus que sa métamorphose

Die Ärmel seines Sagums verleihen ihm schöne Flügel
und sein Rücken befiedert sich über seine ganze Breite
Mit einem Satz schwingt er sich auf den Bug des Nachens
und die neuen Krallen greifen nach dem Klüverbaum
Es erschallt der Ruf des geleimten Vogels
der die Attrappe viel zu spät erkennt
Seht den König seht Manden Bori
eine Silhouette vorm rosa moirierten Horizont
am Vordersteven erstarren für immer verholzen
Der Vogelgleiche wird nur mehr seine Metamorphose sein

III. LES COUPS DURS (SUITE)

Coup de fer

J'essaie de rien inventer, ni les gestes vrais,
ni ceux que j'ai rêvés… J'essaie de ne rien inventer.
C'est l'intensité que je voudrais m'expliquer.
JAMES SACRÉ

N'est-il donc plus notre fils *le riz de notre grenier*…
Qu'il quitte au seuil son chagrin
et fasse entrer ses malles
Tante se tenait sous l'auvent
œil mi-clos à fleur de cernes
poigne calleuse au culot d'une pipe
à soupeser
        supposer
            suppurer

On tire à godets lents l'eau du grand canari
dresse pour l'occasion la table
et mande une servante sans âge
lisser du plat de la main
le couchage du nouveau venu

Ses os seulement !
D'une glaire habile Tante avait éteint
du foyer de midi l'ultime braise
Ne nous rends plus que ses os !
Le maquignon déjà enfilat la venelle
Ô la joie que menaient ensemble les pilons !

III. DIE SCHWEREN SCHLÄGE (SUITE)

Eiserner Schlag

Ich versuche, nichts zu erfinden, weder die wahren Gesten
noch die, die ich geträumt habe ... Ich versuche, nichts zu erfinden.
Die Intensität ist es, die ich mir erklären möchte.
JAMES SACRÉ

Ist er denn nicht unser Sohn *der Reis unseres Schobers* ...
So möge er denn seinen Kummer an der Schwelle lassen
und seine Koffer hineinbringen
Tante stand unterm Windfang
halb geschlossen das Auge
um das tiefe Ringe blühten
schwielige rüstige Hände
zum Abwiegen
                        Abwägen
                                    Erwägen

Man schaufelt mit trägen Bechern das Wasser
aus dem großen Canari
deckt zum Anlass den Tisch
und gebietet einer alterslosen Magd
das Lager des Neuankömmlings
von Hand zu glätten.

Nur ihre Knochen!
Tante hatte die letzte Glut
vom Mittagsfeuer geschickt ausgespuckt
Einzig ihre Knochen Und nichts sonst!
Der Rosstäuscher war da schon längst um die Ecke
Oh die ausschweifende Freude all der Stößel!

51

Merci pour l'eau Tante
Pour le toit le manger et puis le bât
merci pour le oui et le non aussi
Merci après coup
Qui châtie bien
et merci par avance
ne saurait être d'intérêt dépourvu
Merci mille fois ma Tante
pour mes effets à la ronde partagés
Mère ne l'aurait pas voulu autrement
car assez de cette harde me sens vêtu
Son congé d'un hon ! signifié
il s'asseyait alors sur ses talons
dos au pisé profitant d'une pluie
pour pleurer son content
L'amer batté que menait alors le grêlon !

Dimanche était jour de grosse lessive
car mieux se lave entre soi le souillé
Il revenait de la messe ivre d'orgue et d'encens
Ô rires frais rires faux de nos lavandières
Aussi bien aurait-il dû savoir
c'est de sa faute à lui
l'orphelin le dénanti
À presser
       repasser
            empeser
elle (Tante) toute prise
deviner sa survenue
dans la pénombre de l'auvent…
pressentir son pas
avec le gong des bassines
le babil des petites bonnes dans la cour

Danke Tante fürs Wasser
Für Dach Speise und für den Packsattel
danke für das Ja und auch für das Nein
Danke im Nachhinein
Denn wer züchtigt
und danke im Voraus
wird seinen Zins nicht entbehren
Tausend Dank meine Tante
fürs Auf- und Austeilen meiner Siebensachen
Mutter hätte es nicht anders gewollt
denn diese Lumpen kleiden mich genug
Als man ihm mit einem Ach! die Tür wies
hockte er sich auf seine Fersen
mit dem Rücken an die Lehmwand gelehnt
und nutzte einen Regenschauer sich auszuweinen
Wie bitter das Prasseln des Wolkenbruchs!

Sonntags war großer Waschtag
denn besser wäscht der Besudelte sich
unter seinesgleichen
Er kam orgel- und weihrauchtrunken aus der Messe zurück
Oh das frische falsche Lachen der Wäscherinnen
Auch hätte er es wissen müssen
er die Waise der Enteignete
die Schuld liegt auf seinen Schultern
Vom Wringen
        Bügeln
           Mangeln
ganz eingenommen
wie hätte sie (Tante)
sein Aufziehen voraussehen sollen
im Zwielicht des Windfangs …
sein Nahen erahnen
beim Scheppern der Wannen
dem Schwatzen der Mägde im Hof

qui lavochaient
ou faisaient mine
et puis ce gros orage dans l'air…

Et dans l'air son bras à elle
un quart de cercle incandescent
Au grésillement de la chair elle fit hon !
fléchissant
      un tantinet trop tard
      un peu trop nonchalant
                 le poignet
Travailla dans sa joue une salive
et crachota sur la semelle noire
chuintement éclairs
À contre-temps le cri d'une buandière
Et elle et elle qui pesait des deux mains sur son amidon
œil mi-clos à fleur de cernes
lèvres froncées sur ce compte
à ne plus rendre à quiconque
sinon à soi mais quand…

Pour l'orphelin l'acoré le dénanti
point de sentier de la honte et point d'encan
le fer rouge seulement
La haine qu'en dire sinon qu'à jamais elle sacre…
Mais père cette estampille violacée sur ton côté…
C'est mon panier qui m'aura blessé
persiste-t-il un demi-siècle plus avant
couvrant à la hâte son flanc
à jamais flétri
par ce sceau singulier
à jamais sacré
partant

die wäschelten
oder so taten
und dann dieses fette Gewitter in der Luft …

Und in der Luft ihr Arm
ein glühender Viertelkreis
Beim Prasseln des Fleisches entfuhr ihr ein Ach!
wendend
      eine Spur zu spät
      etwas zu lässig
            das Handgelenk
Alsdann sammelte sie in ihrer Wange Spucke an
und spie auf die schwarze Sohle
ein blitzliches Zischeln
Zur Unzeit der Schrei einer Waschfrau
Und sie und sie die ihre beiden Hände auf die Stärke drückte
halb geschlossen das Auge
um das tiefe Ringe blühten
Lippen rümpfend über dieser Rechenschaft
die sie niemandem mehr schuldig war
es sei denn sich selbst aber wann …

Für die Waise den Entherzten den Enteigneten
kein Pfad der Scham keine Gant
nur dieses rote Eisen
Der Hass was über ihn sagen wenn nicht dass er für immer salbt …
Aber Vater dieser blaurote Stempel auf deiner Flanke …
Das habe ich von meinem Korb davongetragen
beharrt er ein halbes Jahrhundert später
hastig seine Lende verbergend
für immer verwelkt
durch dieses singuläre Siegel
für immer gesalbt
mithin

Coup de sang

Dalle dure vive arête
de la tête y viens donner
Page ouverte boule de rage
à poings veules crevée
      Cesseras-tu de lire quand on te parle !!
Mille et un signe dérangés
à fourmiller dans ses froissures
Dalle rouge fraîche au ventre
      Tes élégies lacérées Là !!
Mots affolés ployant
sous le fardeau de sens
qu'ils s'échinent à sauver
      Et puis rentre ton cri rouée
        Il n'y a pire sourd
          Entre l'arbre et l'écorce
          Voilà tout !!

Les nuits n'étaient pas belles et les jours trop hideux
Mais j'aimais juste et ne pouvais surseoir

Voilà tout Voilà que
ce coup-ci encore
comme d'habitude
le proverbe du poème aura eu raison
Lui à belles dents décapsule
déglutit cou à la renverse
à la régalade il boit
comme un qui se régale
comme un qui rit aux éclats
Le mégot grésille au fond de la canette — s'y noie
      Trop rire fait pleurer
        À nous deux maintenant !!

Schlag ins Wasser

Harte scharfkantige Fliese
stößt dir den Kopf daran
Aufgeschlagene Seite wutzerknäult
von willensschwachen Fäusten zerfetzt
    Wirst du wohl aufhören zu lesen wenn man mit dir spricht!!
Tausendundein Zeichen durcheinander
kribbeln in ihren Knitterfalten
Rote Fliese kalt am Bauch
    Deine zerrissenen Elegien Da!!
Worte ächzen kopflos
unterm Joch des Sinns
den zu retten sie sich abplagen
    Und unterdrücke deinen durchtriebenen Schrei
      Tauber als du
        Stellt sich keiner in der Klemme
          Das ist alles!!

Die Nächte waren nicht schön und die Tage zu scheußlich
Aber ich liebte richtig und konnte nichts aufschieben

Das ist alles Sodass
auch bei diesem Schlag
wie gewöhnlich
das Sprichwort das Gedicht mundtot machen sollte
Er öffnet gierig die Dose
schluckt den Hals im Nacken
trinkt schwelgerisch
wie einer der in vollen Zügen genießt
wie einer der lauthals lacht
und der Stummel er zischt auf dem Dosenboden – ertrinkt
    Wer zu viel lacht dem kommen die Tränen
      Und jetzt zu uns beiden!!

Tesson qui brille
fait le tour de l'amour éprouvé
Gobée la première amertume
ce poisseux en bouche
filet de ma honte
dégouline
chose du menton
Et ma chamade! une aveugle noctule
qui bute au dam de son aile
à toutes les saillies
de sa folie mansardée

Affres des nuits laideur des jours tais-les poème
Car j'aimais juste et ne savais surseoir

     La coupe est pleine!!
C'est qu'il en a assez bavé
Coup de sang
Par bravade il aura tranché
dedans sa propre chair
cherchant la veine
et déveine!
elle dévie cette maudite lame
       Mais qu'importe la victoire
        Plus me plaît le simulacre et la scène!!

La troisième est la bonne
Paume ouverte il me convie
manquant emporter mon âme
à être de son agonie nouvelle
      De meilleure glaise me serai tué à te remodeler
        car ton bien tu le sais je ne voulais que!!
Alors toupie en transe
tirant vainement vers l'axe des haines
et comme conjure à déparler

Scherbe die glänzt
leuchtet die empfundene Liebe aus
Geschluckt die erste Bitternis
dies Schmierige im Mund
Rinnsal meiner Scham
tropft vom Kinn
Und mein Herz im Hals! eine blinde Fledermaus
die zur Empörung ihres Flügels
an alle Zipfel
ihres Mansardenwahns stößt

Qualen der Nacht Ekel der Tage verschweig sie Gedicht
Denn ich liebte richtig und wusste nichts aufzuschieben

     Das Fass ist voll!!
Denn er hat genug
Schlag ins Wasser
Aus Trotz wird er sich geschnitten haben
ins eigene Fleisch
die Vene suchend
aber Pech!
sie gleitet ab diese verdammte Klinge
     Doch was bedeutet der Sieg
        Mir gefallen Simulacrum und Szene viel besser!!

Aller guten Klinge sind drei
Mit offener Hand ersucht er mich
da meine Seele auszuhauchen ihm misslang
an seiner neuen Agonie teilzuhaben
     Aus besserem Lehm dich neu zu erschaffen habe ich mich
     umgebracht
        denn dein Bestes du weißt es ich wollte nur das!!
Kreisel in Trance
vergeblich zur Achse des Hasses strebend
und wie eine Besessene wirres Zeug stammelnd

est-il à moi ce cercle pour le parfaire…
à moi cette destinée en prose couchée…
pour finir me suis donnée la route
en langues que j'étais pourtant certaine
hier encore d'ignorer

Coup d'œil

te tourneras-tu bien…
sifflait-elle dos à la chambre
glacée
courroucée d'autant
la nuit venue
par l'exigu du lieu
l'impossible distance
Et de neige sa cime
par l'orage soudain éclairée
et grises ses moraines
qui sous le noroît se prenaient à trembler
Dégraffait alors ses sept seins de pierre
M'aurait tant plu de les gravir !
Soulageait ses ventres
qui dévalaient le long de ses flancs
Comme me plaisaient leurs pentes !
Il y avait aussi le lierre
agrippé
au marbré de sa cuisse
tournoyant
en arabesques bleues
jusqu'au cou-de-pied herbeux
où son bas était roulé

ist er mir dieser Kreis um ihn zu durchwandern …
mir dieses Geschick in Prosa niedergebracht …
schlussendlich habe ich mir die Straße gegeben
in Zungen über die ich jedoch
gestern noch nichts zu wissen glaubte

Augenaufschlag

Wirst du dich wohl umdrehen …
zischte sie dem Zimmer den Rücken zeigend
frierend
und auch zürnend
bei Einbruch der Nacht
über die Enge des Ortes
die unmögliche Distanz
Und aus Schnee ihr Gipfel
vom Gewitter jäh erhellt
und grau ihre Moränen
die im Nordwestwind zu zittern begannen
Dann entblößte sie ihre sieben steinernen Brüste
Wie gern hätt' ich sie erklommen!
Erleichterte ihre Mägen
die ihre Flanken hinuntereilten
Wie sie mir gefielen ihre Senken!
Und dann dieser Efeu
geklammert
an den Marmor ihres Schenkels
kreisend
in blauen Arabesken
bis zum grasgrünen Knöchel
im aufgerollten Strumpf

Comment sinon embrasser
le corps qui par pans s'éboule
saisir le trot du temps
à glace ferré
sur les grands chemins de la chair…

Au prétexte d'une lueur
se glisser matin !
entre ses draps si rêches juste
sous le buis au mur jaunissant
Sa hanche était molle et douce aussi son épaule
et mon pied épris tiédissait entre les siens
Avide de mon advenu
depuis tout ce temps un sept treize jours
te rends-tu compte le sais-tu bien…
la voilà qui dans la pénombre se toque de troquer
une nuitée de présages en partance
contre mes piètres secrets
Et elle qui disait n'en avoir aucun
sinon à quel point de déraison
elle s'était ennuyée de moi
sur cet infime mascaret de joies et de chagrins
promontoire se faisait

Se levait comme le temps
d'un coup tournée au beau
encore un rien embrumée
S'habillait en coup de vent
d'une rocaille défraîchie de trois bosquets
un ruisseau en guise de ceinture
Se tâtait pour savoir
si cette bruyère jurerait
à l'échancrure de ses ravines bleues
Ce qu'elle cachait et ne révélait point
son entendement de la texture

Wie sonst ihn umschlingen
den großflächig wegbrechenden Körper
die eisbeschlagene
trabende Zeit erfassen
auf des Fleisches großen Wegen …

Unterm Vorwand eines Schimmers
frühmorgens!
unter ihre rauen Laken gleiten
gleich unterm Buchszweig an der vergilbenden Wand
Ihre Hüfte war weich und sanft ihre Schulter
und mein verliebter Fuß wärmte sich zwischen ihren
So begierig zu erfahren was mir widerfahren
seit all diesen Tagen einem sieben dreizehn
ist dir das klar weißt du's überhaupt …
und nun liegt sie da im Dämmer ganz erpicht
eine Nacht aus flüchtigen Omen
gegen meine ärmlichen Geheimnisse zu tauschen
Und sie die sagte keines zu besitzen
es sei denn bis zur Unvernunft
mich vermisst zu haben
machte sich auf dieser Sprungwelle aus Freuden und Kummer
zur Landspitze

Erhob sich wie das Wetter
auf einen Schlag wieder heiter ist
noch eine Spur vernebelt
streifte rasch wie der Wind
einen verblassten Fels mit drei Büschen über
nahm einen Bach als Gürtel
Suchte Antwort auf die Frage
ob zu ihren bläulichen Klüften
das Heidekraut passte
Was sie verheimlichte und nicht offenbarte
ihre Auffassung von der Textur

de son empire de sa défaite
Et si fervent son savoir de la chair qui choit
et si têtu son voeu de s'encore exhausser !
Me surplombait alors son regard de granit tendre
Elle disait pauvre ! et je comprenais chère !
nous nous entendions

Coup de chapeau

Son corps n'est corps pour nous que pour autant
qu'il raconte des histoires ou, ce qui revient au même, qu'il cache
ou cherche à cacher des histoires.
WILHELM SCHAPP

La loi l'attendait au tournant, jambes écartées, mains nouées dans
le dos. Rien qu'à le voir approcher à petits pas pressés, avec ça
efflanqué et chapeau bas, elle sut, la loi, qu'il avait quelque chose à
se reprocher et plissa son œil droit. Décida, pour plus de clarté, de
n'user que du tutoiement et de l'infinitif, de bannir toute liaison.

La loi m'attendait au tournant. Me figer sur place ferait louche,
garder les mains en poche, désinvolte, un rien menaçant. Aller
donc à sa rencontre, sans trop prendre suée, en calculant l'allure —
histoire de montrer dû respect, avec mesure et dignité, de ne pas
éveiller le soupçon. On ne badine pas avec la loi.

À le voir glisser sur l'asphalte mouillé, bras en balancier, on dirait
un piroguier de là-bas. Et puis faraud avec ça, couvre-chef bien
vissé, juste pour me narguer. Je l'aurai sans faute à la courbe de la
rivière, se dit la loi.

ihres Reichs ihrer Niederlage
Und glühend ihr Wissen übers fallende Fleisch
und stur ihr Wunsch immer noch höher zu wachsen!
So überragte mich ihr zärtlicher Granitblick
Sie sagte du Arme! Ich hörte du Teure!
Wir verstanden uns

Gesslerhut

Wir meinen auch, [...] daß der Leib für uns nur insofern Leib ist,
als er Geschichten erzählt, oder, was dasselbe wäre, Geschichten verdeckt
oder zu verdecken sucht.
WILHELM SCHAPP

Das Gesetz wartete an der Biegung, breitbeinig, die Hände hinterm
Rücken verschränkt. Allein schon wie er da mit kleinen eiligen
Schritten herannahte, so abgemagert und Hut tief im Gesicht, da
wusste es, das Gesetz, sofort, dass er sich etwas vorzuwerfen hatte,
und kniff sein rechtes Auge zu. Und beschloss, der größeren
Deutlichkeit halber, sich nur des Du und des Infinitivs zu bedienen.

Das Gesetz erwartete mich an der Biegung. Auf der Stelle stehen
bleiben, die Hände in den Taschen, locker, eine Spur verwegen, das
wäre verdächtig. Also ihm lieber entgegengehen, ohne allzu weiche
Knie zu bekommen, auf die Haltung achtend – fälligen Respekt
zollen, mit Maß und Würde, keinen Verdacht erregen. Mit dem
Gesetz ist nicht zu spaßen.

Wie er da so über den nassen Asphalt gleitet, mit pendelnden
Armen, könnte man glatt meinen einer aus jenen Pirogen von
drüben. Und wohl noch stolz drauf, mit seiner fest verschraubten
Kopfbedeckung, nur um mich zum Narren zu halten. Den werd' ich
mir da an der Flussbiegung mal vorknöpfen, sagt sich das Gesetz.

Elle m'attend près du débarcadère, tout de blanc vêtue, coiffée d'un fier salacot. Veiller à la saluer comme naguère, ah, il le faut. Ne pas broncher si, à cheval sur ses prérogatives, de certains noms elle vient à me chicoter.

Il est tout proche, il crâne, me fait face.

Elle me fait face, pour le coup, elle est sur moi.

Coup de chapeau.

Matraque (n. f. 1863) de l'arabe d'Algérie *matraq* « gourdin ».

Botte dans les côtes — pure nostalgie.

Hecalénè

    Hécalénè, Hécalénè, ô !
ainsi vous ne valez plus un poème et ils vous en font reproche.
Ramassez donc vos jupons, chère, et ceignez vos reins de courage
                                    — les hommes
quand ils vous quittent

Il est grand temps d'oublier l'enfant fou qui jouait dans vos cheveux et partit un jour sans plus de révérence, lassé qu'il était de vos tièdes rivages
                                    — les hommes
quand ils vous quittent
Les hommes, quand ils vous quittent, laissent toutes sortes de reliques : vêtements à repriser, l'épice d'un parfum au creux des plis

Es wartet neben dem Ableger auf mich, ganz in Weiß, mit stolzem
Tropenhelm. Darauf achten, ihm wie dereinst zu salutieren, ach,
das ist unerlässlich. Nicht murren, wenn es auf dem hohen Ross
seiner Vorrechte mir gewisse Namen um die Ohren haut.

Er ist ganz nah, spielt den starken Mann, baut sich vor mir auf.

Es baut sich vor mir auf, es liegt auf mir.

Gesslerhut.

Matraque (n. f. 1863) aus dem algerischen Arabisch *matraq*
»Knüppel«.

Stiefel in den Rippen – reine Nostalgie.

Hekalene

Hekalene, Hekalene, o!
so seid ihr also kein Gedicht mehr wert und sie machen euch das
zum Vorwurf. Rafft also eure Röcke hoch, Teure, und schnallt Mut
um eure Lenden
                                                            – die Männer
wenn sie euch verlassen.

Es ist höchste Zeit, das verrückte Kind zu vergessen, das in euren
Haaren spielte und eines Tages wortlos fortging, eurer lauen Ufer
überdrüssig
                                                            – die Männer,
wenn sie euch verlassen.
Die Männer, wenn sie euch verlassen, hinterlassen verschiedenste
Reliquien: zu stopfende Kleidung, die Würze eines Parfums in

du drap, menus cadeaux, conversations inachevées, des
encouragements.
Certains modulent de riches phrases en vous serrant les mains.
D'autres éjaculent un dernier venin.
Quelques-uns supputent à haute voix le bénéfice que vous en
retirerez.
On en a même vu verser une larme.
Alors tracer un cercle pour faire la part du feu,
il faut bien que détresse se passe, et puis la névralgie.
Jeter dés et cauris, tirer les cartes,
calculer l'absence et diviser par deux.
Trois nuits sans lune, nuits de sabbat :
il y a que mes fétiches parleurs ne répondent pas.
— Fallait-il les acheter sur le pouce en profitant d'une escale ?
Au bout du compte, la fin est infinie, et peut sans cesse être rejouée :
Sur la berge du Nil, le dieu-serpent convoite, lové en ses anneaux,
son pied
Hécalénè, mon aînée

                                      — les hommes
quand ils vous quittent
n'échappent pas à l'œil plombé de la lune.

Mais elle a beau, cette chienne à trois têtes, japper, japper, japper
dans l'ombre : aucun de ses coups de gueule ne dérange la caravane
dont le pas éphémère froisse à peine la dune.

den Falten des Lakens, kleine Geschenke, unvollendete Gespräche, Ermutigungen.
Manche modulieren hochtrabende Sätze, während sie euch die Hand schütteln.
Andere ejakulieren ein letztes Gift.
Einige erwägen mit lauter Stimme den Nutzen, den ihr daraus ziehen werdet.
Man hat sogar eine Träne vergießen sehen.
Also einen Kreis ziehen, um dem Feuer seinen Anteil zu geben, die Not muss vorübergehen, und auch die Neuralgie.
Würfel und Kauris werfen, Karten legen, die Abwesenheit berechnen und durch zwei teilen.
Drei Nächte ohne Mond, drei Sabbatnächte:
Es kommt vor, dass meine sprechenden Fetische nicht antworten.
– Man hätte sie nicht unterwegs so auf die Schnelle kaufen sollen!
Unterm Strich ist das Ende unendlich und kann unaufhörlich wieder aufgeführt werden:
Am Ufer des Nils begehrt der Schlangengott, eingerollt zu seinen Ringen, seinen Fuß
Hekalene, meine Älteste

                                        – die Männer

wenn sie euch verlassen
entkommen nicht dem bleiernen Auge des Mondes.

Aber diese dreiköpfige Hündin, sie kann im Schatten kläffen, kläffen und kläffen, wie sie will: Keiner ihrer Aufschreie stört die Karawane, deren flüchtiger Schritt sich kaum in die Düne drückt.

La faim

Quitte-là !
Elle attend.
Pitié !
Elle est sans.

Même le dimanche, elle s'arrange à être debout avant tout le monde. À tourner, à virer dans la pièce qui leur sert de chambre, de cuisine et de salle d'étude à la fois. Grattant du bout de ses ongles — des griffes qu'elle peint en rouge — le fond des faitouts vides, manoeuvrant exprès la porte du réfrigérateur qui se décolle avec difficulté et relance à chaque coup le chuintement irrégulier du moteur, essayant même de forcer le vasistas scellé par le gel. Depuis une semaine qu'elle s'est installée chez eux, c'est le même manège. Encore heureux que ce matin elle ne cherche pas à glisser son corps froid et osseux dans un des lits. Elle en serait capable ! Mais bon, elle se contente de s'agiter follement et puis de se planter au beau milieu de la pièce, bras croisés, pour savourer l'alerte qu'elle jette dans le sommeil de ceux de la mansarde.

Die Hungersnot

Verzieh dich!
Sie bleibt.
Erbarmen!
Hat sie keins.

Sogar sonntags sieht sie zu, vor allen anderen auf den Beinen zu
sein. Tigert durchs Zimmer, das ihnen Schlafkammer, Küche und
Studierstube in einem ist. Kratzt mit ihren Fingernägeln – Krallen,
die sie rot lackiert – den Grund der leeren Töpfe aus, öffnet ganz
bewusst die Kühlschranktür, die klemmt, und löst so jedes Mal
wieder das unregelmäßige Ächzen des Motors aus, versucht sogar,
das vom Frost versiegelte Oberlicht aufzubrechen. Vor einer
Woche hat sie sich bei ihnen niedergelassen, und es ist immer das
Gleiche. Da kann man noch von Glück sagen, dass sie heute
Morgen nicht versucht, ihren knöchrigen kalten Leib in eines der
Betten zu legen. Zuzutrauen wär's ihr! Aber gut, sie begnügt sich
damit, wie irre umherzulaufen, und sich dann mitten im Zimmer
aufzubauen, mit verschränkten Armen, um den Aufruhr zu ge-
nießen, in den sie den Schlaf jener versetzt, die in der Mansarde
wohnen.

IV. CREUSER

Initiation

Toutes les pierres ne sont pas vivantes mais certaines le seront
    Retiens ton pied
Il cheminait donc à pas prudents de peur d'effaroucher
celles qui remontent des fondrières
respirer l'air du temps

Tu n'iras pas d'un bois de rose trois fois centenaire faire ton
    médiocre violon
Il prit alors goût à s'embusquer aux termitières
pour mieux surprendre la joie des arbres
qui bondissent de belle cadence
une sueur au creux des reins

Tout ce qui est a sa parole Garde-toi de l'abréger afin de vivre
    longuement
Il jeta bientôt ses armes en brousse et ignora l'appel du clairon
Choisit l'exil se fit ermite changea de nom
Mais revint épier sa descendance
nuitamment *La guerre*
ne tue pas l'absent

IV. GRABEN

Initiation

Nicht alle Steine sind lebendig aber einige werden es sein Pass auf
    wo du deinen Fuß hinsetzt
So schritt er behutsam einher aus Angst die zu verschrecken
die aus den Sümpfen aufsteigen
um die Luft der Gegenwart zu atmen

Nicht aus einem dreihundertjährigen Rosenholz wirst du deine
    Durchschnittsgeige bauen
So fand er Geschmack daran bei den Termitenhügeln zu lauern
um besser die Freude der Bäume zu überraschen
die in schöner Kadenz in die Höhe schießen
mit Angstschweiß in den Eingeweiden

Alles was ist hat seine Sprache Willst du lange leben hüte dich sie
    zu verkürzen
Bald schon warf er seine Waffen in den Busch und hörte nicht auf
    den Ruf des Horns
Wählte das Exil ward Einsiedler nannte sich um
Aber kam wieder seine Nachkommen auszuhorchen
nächtens *Der Krieg*
tötet den Abwesenden nicht

Vahiné

il faut bien
qu'au bout de toutes ces platitudes
elle existe la mer
Épais rémugle
obstination du chiendent
et sur les dunes éblouies cet ourlet de lumière
Qui s'arracherait
de ce bar à boire et à manger
buvette pour parisiens esseulés quelques rares allemands
salle commune pour le hameau en morte saison
la devinerait au loin besognant

De la mer
il s'en balance
ce marin générique
(trois doigts exsangues crochés au comptoir)
ou plutôt il l'exècre
Assez de copains elle lui a pris
la garce ! et sa jeunesse avec !
Dos au monde
il lui cherchait qualités d'épithètes
au fond de son ballon
quand elle lui remet une rasade la patronne
au compte de la maison
Le voilà pas (mais c'est là tout autre poème)
tout en sueur en larmes et en sanglots
Et la salle illico de partir en chansons

Ce qui se chante
dans ce bar à boire et à pleurer
elle (la petite)
n'en veut rien entendre

Vahiné

Sie muss ja
nach all diesen Plattheiten
existieren die See
Starker Modergeruch
Eigensinn der Quecke
und auf den verzauberten Dünen dieser Lichtsaum
Wer aus ihr herausträte
dieser Bar zum Essen und Trinken
Schenke für vereinsamte Pariser einige wenige Deutsche
in der Nebensaison Gemeindesaal für den Weiler
würde sie die emsige in der Ferne erahnen

Die See
ist ihm schnuppe
diesem generischen Seemann
(mit drei blutleeren Fingern am Tresen klammernd)
oder vielmehr verabscheut er sie
Genug Kumpel hat sie ihm genommen
die Göre! Und seine Jugend auch!
Mit dem Rücken zur Welt
suchte er nach geeigneten Attributen für sie
auf dem Grunde seines Glases
als die Wirtin es bis zum Rand auffüllt
auf Kosten des Hauses
Ist er da nicht (doch das ist ein vollkommen anderes Gedicht)
ganz Schweiß ganz Tränen und Schluchzer
Und schon singt der Saal aus voller Kehle

Was gesungen wird
in dieser Bar zum Trinken und Weinen
davon will sie nichts hören
sie (die Kleine)

Elle est là à attendre
bouche close et genoux serrés
les cageots que de la criée on livre
pour ses parents empêchés

En vis-à-vis près
de la porte un gauguin craché
la semaine gratis il mange
moyennant quelques services
monnayant deux croûtes l'an
Il faisait donc d'une chope descendre
son plat de fruits de mer
sa langue lente à tant touiller la mousse
qu'elle glisse le long du pichet

Regard en coulisse il se penche
Mon atelier est sous les combles
viens Vahiné je t'y peins
Dénouée cette toison qu'en vain tu chignonnes
ton sein bougainvillerai et vanillerai ta gousse
Ocre et safran !
Monte ô molle enfant
immortelle bientôt par ma main

Retournée
pénétrée d'une vague honte
à s'abstraire du tableau elle peine
Il faut bien se disait-elle
qu'au bout de toutes ces platitudes
elle (la mer) existe
La flaque de bière allait s'élargissant
exprès le fauve il flanque le coude dedans

Sie ist zum Warten da
Kein Wort aus ihrem Mund
ein Knie ans andere gepresst
dazwischen die Stiegen vom Fischmarkt
für ihre unpässlichen Eltern

Gegenüber bei
der Tür leibt und lebt ein Gauguin
Unter der Woche speist er gratis
für ein paar Gefälligkeiten
für zwei Schinken pro Jahr
Er spülte also mit einem Schoppen
seine Meeresfrüchte hinunter
und seine träge Zunge schlug schon so lange Schaum
dass sie am Rand des Humpens ausgleitet

Verstohlenen Blicks ist er geneigt
Mein Atelier ist auf dem Dachboden
komm Vahiné dass ich dich male
Fort mit dem Vlies an das du umsonst dich klammerst
drillingsblümeln werd' ich deine Brust deine Schoten vanillen
Ocker und Safran!
Steig hinauf o weiches Kind
unsterblich bald schon durch meine Hand

Beklommen
von einer vagen Scham durchbohrt
ist sie bemüht sich aus dem Gemälde zu abstrahieren
Sie muss ja sagte sie sich
nach all diesen Plattheiten
existieren die See
In der Bierpfütze war Flut
absichtlich schlägt der Fauve mit seinem Ellbogen hinein

Et si ton sang
un long temps s'est tu
à qui la faute hein…
On t'en fit d'amers reproches
puis les conversations retournèrent
au désespoir secret du vieux marin

Prière

S'éloigne le temple au pied si pieux de pachyderme
son col d'allégresse verdure
ses mille pis roses par-dessus son épaule
à la soif enfantine du ciel jetés
Courbé sur sa sandale le pélerin sourit
Que ce soir s'avive la ténèbre
la voie étant lactée

Feu ce phalène mien
(Chant triste)

Just like you I was such a rebel
So dance your own dance and never forget
JOE COCKER

Ce soir la lampe consent
à calciner les phalènes
Un crépitement long
une âcreté ancienne
signalent l'agonie sage
d'un qui a vécu

Und wenn dein Blut
lange Zeit geschwiegen hat
wessen Schuld ist es na …
Bittere Vorwürfe machte man dir
dann kreisten die Gespräche wieder
um die geheimen Nöte des alten Seemanns

Gebet

Der Tempel auf frommem Dickhäuterfuß rückt in die Ferne
sein schwungvoller Hals ergrünt
seine tausend rosa Euter über die Schulter
des Himmels kindlichem Durst zugeworfen
Über seine Sandale gebeugt lächelt der Wallbruder
Heute Abend möge das Dunkel sich beleben
die Straße ist gemilcht

Feuer dieser Falter der meine
(Trauriger Gesang)

Just like you I was such a rebel
So dance your own dance and never forget
JOE COCKER

Heute Abend willigt die Lampe ein
Falter zu verbrennen
Ein langes Knistern
eine alte Bitterkeit
bezeugen die weise Agonie
von einem der gelebt hat

La lumière éclabousse
le long thrène messager
qui son encre déroule
et lentement ses sanglots
L'ivrogne crépusculaire
rivé à un proche pilot
braie braie à la cantonade
son absurde bréviaire
L'homme s'égosille en vain
non les gratte-ciels hautains
n'en auront jamais cure
de ces phalènes dorés
au sort soudain

Feu ce phalène mien
On a mis une coupe
et un plat sous sa couche
On a mis quelques nuits
au bout de quelques jours
et puis son corps à l'aise
dans l'ampleur d'un coton
de jaune de noir et de mauve tissé
Ses belles ailes brunes
soigneusement repliées
attendent l'heure du regain
de l'envol du retour
de sept de ses qualités

Au fond d'un puits tombés
ses yeux qui s'accoutument
voient les profils tremblés
des pour-naître et des aînés
au son creux du silence
danser
Dans sa nacelle en partance

Das Licht bespritzt
den Boten langer Threne
der seine Tinte entrollt
und langsam seine Schluchzer
Gelehnt an einen Pfahl
plärrt des Dämmers Trunkenbold
sein absurdes Brevier in die Menge
Umsonst schreit er sich heiser
nein die hochnäsigen Wolkenkratzer
werden sich niemals scheren
um diese goldenen Falter
und ihr jähes Schicksal

Feuer dieser Falter der meine
Man hat ihm einen Kelch
und einen Teller ins Totenbett gelegt
Man hat einige Nächte
ans Ende einiger Tage gelegt
und dann seinen Körper zur Ruh
in ein weites Gewebe
aus gelber schwarzer und malvenfarbener Wolle
Die schönen braunen Flügel
sorgsam zusammengefaltet
warten auf die Stunde des Rückgewinns
des Abflugs der Wiederkehr
sieben seiner Vermögen

In einen tiefen Schacht gefallen
gewöhnen sich seine Augen ans Dunkel
und sehen die zittrigen Profile
der Zukünftigen und der Ahnen
im hohlen Klang des Schweigens
tanzen.
Auf seinen zum Ablegen
bereiten Nachen

on a fait embarquer
une détresse et des pagnes
la récade qu'il aimait
un poème des caresses
un peu de gomme et d'encens
Si c'était à refaire
figurez-vous ma mère
j'ajouterai un chiffre
pour la complicité
Treize bien sûr pour la chance
cinq à désormais fêter
plus un fil de la vierge
pour notre descendance
un bouton d'or des prés
et puis une malvacée
Cloué porté fleuri
chanté drapé béni
encordé rafraîchi
enseveli
envolé

Sur l'œil de son aile
sur son ventre brûlé
le grand poids des gerbes
novembre un crachin
Sur son verbe d'argent
une dalle plus rien
C'est à griffes redoublées
que je gratterais
le sol mou et amer
saccagerais les fleurs
effilocherais le vent
de rage folle trouerais
la page à essayer
en larmes et en vain

hat man eine Not und Schurze
eingeschifft
die Rekade die er liebte
ein Gedicht Zärtlichkeiten
arabisches Gummi und Weihrauch
Wär's erneut zu tun
Mutter denk dir nur
würd' ich noch eine Ziffer hinzutun
für die Verbundenheit
Die Dreizehn natürlich fürs Glück
fünf um fortan zu feiern
zudem einen Marienfaden
für unsere Nachkommenschaft
eine Wiesenbutterblume
und dann noch eine Malve
Angenagelt getragen aufblühend
gesungen gebettet gesegnet
geseilt erfrischt
begraben
aufgeflogen

Auf dem Auge seines Flügels
auf seinem verbrannten Bauch
die große Last der Kränze
November es nieselt
Auf seiner silbernen Rede
eine Fliese nichts mehr
Auf den weichen und bitteren Boden
würde ich kratzen
mit gesteigerten Krallen
die Blumen schänden
die Winde zerreißen
tollwütig die Seite löchern
in Tränen
und vergebens versuchen

d'y enterrer ma plaie
Qui parlera jamais
de la fortitude triste
de ces phalènes dorés
qui un beau soir consentent
à offrir le sec de leur corps
à la bête de feu colère
de ne les embraser
qu'enfin

Las ma mie ma mère
feu ce phalène mien
Qu'on verse à terre du vin
pour l'ancêtre qui est né
pour celui qui en rêve revient

Lukasa. Tableau de mémoire

Le *lukasa*, c'est un tableau de mémoire.
Une petite planche de bois incurvée que j'ai placée dans ma main,
parce qu'il restait une dette due,
une honte à boire,
des lianes à tresser, et bien plus encore, sans doute…
Écrire, c'est aussi une façon de compter.
Le *lukasa*, c'est un labyrinthe et un miroir
où viennent tout bonnement se perdre
« les signares aux yeux surréels comme un clair de lune sur la grève »*

Séléné, sèche signare aux yeux vairs, s'étend sur le sable et
demande qu'on vienne la masser.

* Léopold Sédar Senghor, »Joal«. *Chants d'ombre, Œuvre poétique*, Seuil, 1990, S. 15.

meine Wunde zu bestatten
Wer wird jemals sprechen
vom traurigen Mut
dieser goldenen Falter
die eines schönen Abends einwilligen
das Trockene ihres Körpers zu schenken
der feuerwütigen Bestie
sie zu entzünden
schlussendlich

Ach meine liebe Mutter
Feuer dieser Falter der meine
So gießt Wein auf die Erde
für den Vorfahren der geboren ist
für den der wiederkehrt im Traum

Lukasa. Gedächtnistafel

Der *Lukasa* ist eine Gedächtnistafel.
Ein kleines gekrümmtes Holzbrett, das ich in meine Hand gelegt
habe,
weil eine geschuldete Schuld geblieben war,
eine zu trinkende Scham,
zu knüpfende Lianen, und wohl noch allerhand mehr …
Schreiben ist auch eine Art und Weise zu zählen.
Der *Lukasa* ist ein Labyrinth und ein Spiegel,
wo sich schlicht und ergreifend verirren
»die Signaren – ihre Augen sind surreal wie der Mondschein auf
dem Strand«

Séléné, hagere Signare mit Augen wie Feh, streckt sich auf
dem Sand aus und verlangt, dass man sie massiert.

Le vent glisse un doigt fugace le long de l'arête de son dos,
bivouaque au creux des lombes,
y plante un frisson, remonte vers les flancs pour en pétrir le peu de
pâte, appuie ses longues paumes sur l'omoplate osseuse, pianote
lentement le long des épaules vers la nuque, souffle vers la lisière
des cheveux, agace de sa langue le dedans tiède de son oreille.
La gibbeuse soupire et s'impatiente.
De courtes vagues viennent tremper sa cheville, mouiller le cuir de
ses pieds, poser des baisers humides entre les orteils, là, dans les
interstices tendres : elles tentent même de gagner le renflement du
genou pour en oindre l'articulation raidie.
Séléné s'étire et s'asseoit. Un peu de gravier micacé coule dans le
sablier de ses doigts, tandis qu'elle contemple les gestes vagues de la
grande noiseuse en perpétuelle vadrouille et bruyants m'as-tu-vu.
Reprend enfin sa hache double et le panier où elle garde, à côté des
verges plates de sept nouveaux eunuques, un petit pot de karité.
S'éloigne de la plage à pas comptés, traînant comme une carapace
son dos déjà voûté.

Avec des perles, des coquilles et des épingles,
j'ai inscrit au *lukasa* mes villes et mes voyages,
certaine retraite, des arbres, une chausse-trappe, ce vestibule,
une clairière, trois carrefours, un sépulcre,
un lagon et aussi des lagunes   — car
« Dans ma mémoire sont des lagunes ».*

* Aimé Césaire, *Cahier d'un retour au pays natal*, Abiola Irele, ed., New Horn Press,
1994, S. 15.

Mit flüchtigem Finger gleitet der Wind über ihren Rücken, schlägt
in der Mulde ihrer Lenden sein Lager auf,
pflanzt dort einen Schauer, steigt dann wieder hoch zur Taille, um
das Wenige an Teig dort zu kneten, drückt seine großen Hand-
flächen auf das knöcherne Schulterblatt, klimpert langsam die
Schultern entlang zum Nacken, weht auf den Saum der Haare zu,
neckt mit seiner Zunge das warme Innere ihres Ohrs.
Die Bucklige seufzt und wird ungeduldig.
Kleine Wellen umspülen ihre Knöchel, befeuchten ihre Fußsohlen,
küssen schmatzend ihre Zehen, die zarten Spaltweiten zwischen
ihnen; sie versuchen sogar, bis zur Schwellung des Knies zu
gelangen, um das steife Gelenk zu salben.
Séléné dehnt sich und richtet sich auf. Etwas Kies rinnt glimmernd
durch die Sanduhr ihrer Finger, während sie in der Betrachtung
der vagen Gesten jener stetig rastlosen großen Querulantin mit
ihrem tosenden Siehst-du-mich-auch versinkt.
Schließlich nimmt sie ihre Doppelaxt und den Korb wieder an
sich, in dem sie neben den schlaffen Ruten sieben neuer Eunuchen
einen kleinen Topf mit Karitébutter aufbewahrt.
Verlässt den Strand gemächlichen Schrittes, ihren schon gewölbten
Rücken wie ein Panzergehäuse schleppend.

    Mit Perlen, Muscheln und Nadeln
habe ich auf den *Lukasa* meine Städte und Reisen geschrieben,
manche Rüstzeit, Bäume, eine Fußangel, jenes Vorzimmer;
Eine Lichtung, drei Wegkreuzungen, ein Grab;
und auch Lagunen   – denn
»In meinem Gedächtnis sind Lagunen.«

L'homme qui marche

En souvenir d'Alberto Giacometti

Sa tristesse qu'on l'imagine d'abord sans delta
— un Niger pour ainsi dire qui s'ensable au désert
et tracera des années durant pied à pied
plein Sud son retour à la mer
Aucune crue aucun débordement
c'est un homme-fleuve qui coule
tout à l'honneur de ses deux rives

Au désert il a pris le regard blond
d'un qui aurait appris à calculer les dunes
et un discret dédain pour le poids qui accable
Nomade urbain ombre portée sur les graffitis du square
il s'instruit de la traîtrise des sables mouvants et se fait anodin
Silhouette de pèlerin d'Etrusque ou bien de Peul
c'est un homme qui rêve bâton calé en travers des épaules

Un beau jour c'est la savane qui l'a trouvé Berger de ses eaux lentes
il en contemplait les remous et son ombre léchait le sol assoiffé
Pitié pour les brousses les villes et les ventres
On aura volé la pluie et c'est cause de guerre
Mais cet homme-fleuve en amont de sa parole
regardez-le soudain dévaler les pentes
regardez-le s'arracher

C'est un homme qui marche désolé
au creux de la forêt Son coeur trop lourd
se prend aux racines s'étrangle aux lianes des figuiers

Der schreitende Mann

In Erinnerung an Alberto Giacometti

Seine Traurigkeit möge man sich zunächst mündungslos denken
– ein Niger sozusagen der in der Wüste versandet
und über Jahre hinweg Schritt für Schritt
gen Süden zurück zum Meer zieht
Kein Hochwasser kein Über-die-Ufer-Treten
Fluss-Mann der fließt
und seine beiden Ufer ehrt

Von der Wüste hat er den hellen Blick
wie einer der die Dünen zu durchschauen weiß
und eine Spur Verachtung für schweres Gewicht
Urbaner Nomade dessen Schatten auf die Graffitis fällt
der zur Heimtücke der Treibsande ermittelt und den
    Ahnungslosen spielt
einen Pilger aus Etrurien oder den Ländern der Peul
ein Mann der mit dem Stock auf den Schultern träumt

Eines Tages fand ihn die Savanne Hirte ihrer langsamen Wasser
er sann ihren Strudeln nach und sein Schatten leckte den
    dürstenden Boden
Erbarmen mit dem Busch den Städten und den Bäuchen
Der Regen wurde wohl gestohlen und das heißt Krieg
Doch dieser Fluss-Mann wortaufwärts
seht wie er plötzlich die Hänge hinabeilt
seht nur wie er sich losreißt

Ein Mann der verzweifelt schreitet
tief im Wald Sein Herz ist zu schwer
es verfängt sich in den Wurzeln erhängt sich an den Lianen der
    Feigen

Charriant son histoire au milieu d'un enfer tout de verte
    stridence
il n'entend plus ses propres torrents et voici que la harde de ses
    illusions
s'égaille en toutes directions au-delà de ses berges

C'est un homme qui croit chavirer alors qu'il s'essaie à voler

Seine Geschichte karrend inmitten einer Hölle aus grüner Schrille
hört er seine eigenen Sturzbäche nicht mehr und nun verläuft sich
das Rudel seiner Illusionen in alle Richtungen jenseits seiner Ufer

Ein Mann der zu kentern glaubt während er zu fliegen versucht

V. MORTS EN GUERRE

Mobilisé

À Louis Charlot et Birago Diop

À cette pommette estampillée
sur une aube de guerre
sans balan on te donne pour
fils de Dougouba ta mère
Dougouba ah Dougouba
c'est femme de futile faconde
aux gestes drus aux yeux de chat !
Te cadeauta
lorsque tu fus sur le départ
de ses songes et d'un casque étroit
Non Dougouba-l'odieuse ne t'a pas retenu
ne le désirait pas
Mais depuis quand cette ville-marâtre
refuse-t-elle
au fort de l'orage
à ses enfants transis l'auvent de son aile
depuis quand…

Telle prise de ciel exige qu'on peigne à genoux
Car ton visage hâve où luit une paupière
surplombe la vague colline
que seul tu gardes de la limaille et du vent
Mais Dougouba mère de tant et tant
chaque jour davantage lui pèse son giron
Laissez qu'enfin je tranche
elle trompette

V. KRIEGSTOTE

Mobil gemacht

An Louis Charlot und Birago Diop

Bei dieser Wange gestempelt
auf ein Morgengrauen im Krieg
hält man dich ohne Weiteres für
Dougoubas Sohn deine Mutter
Dougouba ah Dougouba
ist eine geschwätzige Frau
auch mit den Händen
und Katzenaugen hat sie!
Bedachte dich
als du bereit zum Aufbruch warst
mit ihren Träumen und einem engen Helm
Nein Dougouba die abscheuliche sie hielt dich nicht zurück
wollte es nicht
Aber seit wann verweigert diese Rabenmutterstadt
mitten im Gewitter
ihren schreckstarren Kindern
den Windschutz ihres Flügels
seit wann …

Manche Aufnahme des Himmels will auf Knien gemalt sein
Denn dein hageres Gesicht in dem ein Lid flackert
ragt über den vagen Hügel hinaus
den du allein bewachst gegen Feilicht und Wind
Aber Dougouba Mutter so vieler
jeden Tag wird ihr der Schoß schwerer und schwerer
Lasst ab damit ich sie endlich abschneide
trompetet sie

cette mamelle mienne et révèle
en sa gloire l'archère d'antan

Sûr qu'on était venu quérir
de préférence
les pressés-d'être-au-front
et puis aussi
les Dieu-l'a-voulu les larges-de-coffre
et les qui-n'y-voient-que-du-feu
les serviables les m'as-tu-vu et les curieux
En fin de compte partirent
quelques laissés-pour-compte
un lot d'à-malin-malin-et-demi
une foule de qui-d'autre-que-moi-qui-je-vous-demande…
comme toi fils de Dougouba
Et Langue-de-Miel ton aîné qui
longuement vient te conseiller
Keïta ! L'heure venue s'il s'agit de fuir attache-toi le pied
Pour celui qui tombe au fort du combat grandioses les funérailles !
Le cadet lui avait voyagé
Mais ta jumelle ah
comme pluie d'hivernage
en travers de ton chemin se serait abattue
la honte Tiémoko fait le téméraire et celui-là éteint la lignée
si elle n'était restée au champ de l'ordalie
de son propre sang laquée
désertée par ses compagnes d'épouvante
qu'on hâtait à fanfare vers la promesse d'un nouvel âge
Et la Dougouba en pâmoison sous l'éventail
de prendre à gages le chagrin de trois pleureuses
Qu'un beau désespoir est ardu à contrefaire
hein Dougouba… Et depuis quand son sein trop gras
meurtrit-il la poitrine d'une mère
depuis quand…

diese eine meiner beiden Brüste und offenbare
in ihrem Ruhm die Bogenschützin von einst

Klar zunächst kam man
mit Vorliebe
die Nichts-wie-ab-zur-Front suchen
und gleichfalls die
Gott-hat's-gewollt und die Schränke
die Blind-für-alles-was-nicht-Feuer-ist
die Dienstbaren die Siehst-du-mich-auch und die Schaulustigen
Letztlich zogen ein paar Abgehängte los
eine Charge von Auf-einen-Schelmen-anderthalbe
eine Menge an Wer-denn-wenn-nicht-ich-bitte-schön …
wie du Sohn von Dougouba
Und Süßholzraspel dein älterer Bruder
der dich lang und breit beraten kam
Keïta! Solltest du je an Flucht denken fessele deinen Fuß
Wer im Schlachtgetümmel fällt dem winkt grandiose Bestattung!
Der Jüngere er war gereist
Aber deine Zwillingsschwester ah
wie eine Regenzeit
hätte sie sich dir in den Weg gestellt
Scham Tiémoko zeugt den Tollkühnen und dieser bringt das Geblüt
    zum Versiegen
wäre sie nicht auf dem Feld des Ordals geblieben
lackiert mit ihrem eigenen Blut
von ihren Schreckensgefährtinnen verlassen
die man mit Fanfaren dem Versprechen einer neuen Zeit
    entgegentrieb
Und Dougouba ohnmächtig unterm Fächer
sie nahm den Kummer dreier Klageweiber in Dienst
Wie schwer's doch ist schöne Nöte nachzuahmen
nicht wahr Dougouba … Aber ach seit wann beutelt
ihr zu dicker Busen die Brust einer Mutter
seit wann …

Grenaille du ciel divisée
par l'arme qui navre ton épaule
Jonquille qui festonne ta capote de sergent
Soudain comme il m'en coûte de pousser le pinceau !
Y mettre la foi du charbonnier
car ce portrait au vrai ne tient plus qu'à moi
Au reste des dégradés de gris
tout en tendresse en pignoché
un délicat camaïeu de mélancolies

Mains au fond des poches
C'est qu'en ce vallon il gelait
à se cailler le sang ! à coeur fendre ! Hors cadre
la symétrie minérale des cimetières d'ici
où croissent les vrilles d'une mort
dont tu ne prends déjà plus souci
Mais si Dieu rabiot de vie veut te prêter
tel quel tu rapportes tout ce kaki
là-bas à Dougouba-l'incrédule
Vois Mère touche encore
ce gris liseré de jaune
j'en étais te dis-je de ce bouvril
Dougouba ah Dougouba
fourbe qu'elle est
à creuser six trous de vertu
pour choir dans le septième

Disons qu'Il négligea de reprendre Son dû
Te voilà Tiémoko Keïta au bercail rendu
ta pauvre tête pleine de vent et de limaille
avec ça obsédé
par l'asphalte qui mène quelque part
Et la marmaille de Dougouba

Schrot des Himmels zerteilt
durch die Waffe die deine Schulter schmerzt
Osterglocke die deinen Sergeantenmantel ziert
Was es mich plötzlich kostet den Pinsel zu führen!
Den Köhlerglauben aufzubringen
denn dieses Porträt hängt in Wahrheit nur noch an mir
Am Rest der Grauschattierungen
ganz zart in kleinen Häppchen
eine feine Camaieu aus Melancholien

Hände tief in den Taschen
denn in diesem Tal herrschte Frost
dass einem das Blut gerann! und das Herz zersprang!
Aus dem Rahmen fallend
die mineralische Symmetrie der Friedhöfe hier
auf denen die Ranken eines Todes sprießen
um den du dich schon nicht mehr scherst
Aber wenn Gott dir Nachschlag zu leben gewährt
dann bringe sofort all diesen Khaki
nach dort zu Dougouba der Ungläubigen
Sieh Mutter fühl nur
dieses gelb umrandete Grau
ich war dabei sag ich dir in diesem Schlachthaus
Dougouba ah Dougouba
tückisch wie sie ist
sechs Tugendlöcher zu graben
um ins siebte zu stürzen!

Sagen wir mal dass Er es vernachlässigte
wieder an sich zu nehmen was Ihm gebührte
Da stehst du nun wieder Tiémoko Keïta im trauten Heim
dein armer Kopf voller Wind und Feilicht
dazu noch besessen
vom Asphalt der irgendwo hinführt
Und die Gören von Dougouba

ville chérie de tes pères
te voyant d'un bras sec mouliner l'harmattan
ramassait des pierres
et claquait un garde-à-vous en te criant
Sarzan !

Morts en guerre I

À B. T. in memoriam

Tapageurs ils se pressent à la palissade
qui balle entre notre fief et le leur
Armée sans ombre sans chef
et sans plus d'uniforme
qu'un pagne mangé qu'un linceul mûr
c'est en vagues drues
qu'ils s'en viennent déferler
Les uns brandissent à deux mains
un mousquet tout rouillé
d'autres bardés encore d'amulettes
affûtent leurs coupe-coupe
aux pierres aiguës du chemin
Dans la foule un gosse qui ploie
sous le poids mercenaire d'une mitraillette
s'arrête pour gratter parfois
son ventre difforme
parcouru par les taons
Et tandis que leur griot bègue
entonne un péan perdu
Qu'on se le dise et qu'on le sache
Il n'y a que la mort qui tue !
voilà qu'ils saccagent nos rizières

der von deinen Vätern geliebten Stadt
sahen wie du mit einem Arm
den Harmattan mahltest
hoben Steine auf
knallten die Hacken zusammen auf Habacht und riefen dir zu
Sarzan!

Kriegstote I

B. T. in memoriam

Lärmend stürzen sie zur Palisade
die zwischen ihrem und unserem Lager schlenkert
Heer ohne Schatten ohne Führer
ihre Uniform nichts als
ein verrotteter Schurz ein reifes Linnen
branden sie an
in dichten Wellen
Die einen schwingen beidhändig
völlig verrostete Musketen
andere noch mit Amuletten behangen
wetzen ihre Säbel
an spitzen Steinen des Weges
In der Menge ein Kind
durch die Söldnerlast eines Maschinengewehrs
ganz krumm bleibt es manchmal stehen
um sich an seinem unförmigen
von Bremsen belagerten Bauch zu kratzen
Und während ihr Griot stotternd
einen verlornen Päan anstimmt
Man möge sich sagen und hinter die Ohren schreiben
Nur der Tod ist tödlich!
verwüsten sie unsere Reisfelder

souillent nos puits
et emmusquent nos greniers !
C'est la solde de l'oubli qu'ils exigent
avant de s'en retourner au bivouac
dans une clairière du bois sacré

Morts en guerre II

    Les clairvoyants
Qui est venu le chercher dites
En ce début de saison apprise
(ni hivernage ni harmattan)
alors qu'embusqué
dans les palétuviers du peut-être
son double le conjurait
de résister encore
à la taraudeuse douleur
à la gravité du temps…
Qui et pour quelle raison…

Suivons sa civière qui soubresaute
Observons les méandres de sa course
Et nous le saurons nous le saurons

    Le disparu
La paix la paix seulement !
Personne n'est venu me chercher
non C'est que chaque jour
le désir de rejoindre mon ombre
allait grandissant
Nul ne refuse sa tombe
nul ne refuse son temps

verschmutzen unsere Brunnen
und verströmen Moschusgeruch in unseren Speichern!
Ihren Sold fürs Vergessen fordern sie
bevor sie zurückkehren ins Biwak
auf einer Lichtung im heiligen Hain

Kriegstote II

Die Klarsichtigen
Wer kam ihn holen sagt
zu Beginn dieser erlernten Jahreszeit
(weder Regenzeit noch Harmattan)
wo doch sein Doppelgänger
lauernd in den Mangroven des Vielleicht
ihn beschwor
sich weiterhin zu widersetzen
dem Gewindeschneider Schmerz
der Schwerkraft der Zeit ...
Wer und warum ...

Folgen wir seiner holpernden Bahre
Beobachten die Mäander ihres Laufs
Und wir werden es wissen wir werden es wissen

Der Verschiedene
Der Frieden der Frieden allein!
Keiner kam mich holen
nein Doch jeden Tag
wuchs der Wunsch
mich mit meinem Schatten zu vermählen
Niemand verschmäht sein Grab
Niemand verschmäht seine Zeit

Les clairvoyants
Lorsqu'elle est soudain revenue de Pount
t'en souviens-tu lourdement fardée
et parfumée d'étranges inflexions
Les voix aussi prennent de l'âge
(c'est ce qu'en raison de l'angoisse tu voulais offrir)
Mais elle t'a frappé la bouche
de ses cinq doigts Réjouis-toi de mon passage
je ne suis pas pour rester
Qui était venu chercher ta voix…
Qui et pour quelle raison…

Suivons ta civière qui soubresaute
observons les méandres de sa course
et nous le saurons nous le saurons

Le disparu
La paix la paix seulement !
Terre n'est pas feu
qui s'y jette n'a plus d'autre saut à faire
Enlevez donc un sacrifice en mon nom
que je n'arrive là-bas démuni car
nul ne refuse sa tombe
nul ne refuse son temps

Les clairvoyants
Sol sol sol dièse entends-tu le son lourd
de ta mort désormais annoncée
ou resteras-tu sourd à notre bruyante détresse…
J'entends assez bien encore pour reconnaître le chant
de ton pas (essayais-tu de négocier) tandis
qu'elle s'amusait des effets de son silence
sur ton visage avide de réponses
Qui avait emporté ton oreille…
(qui et pour quelle raison)
— l'étranger n'aura pas à le raconter

102

Die Klarsichtigen
Als sie plötzlich aus Punt zurückkam
erinnerst du dich schwer gepudert
und duftend nach seltsamen Tonlagen
Auch Stimmen altern
(das ist was du aus Angst bereit warst herzugeben)
Doch sie fuhr dir über den Mund
mit ihren fünf Fingern Freue dich über mein Kommen
ich werde nicht bleiben
Wer war gekommen deine Stimme zu holen …
Wer und warum …

Folgen wir deiner holpernden Bahre
beobachten die Mäander ihres Laufs
und wir werden es wissen wir werden es wissen

Der Verschiedene
Der Frieden der Frieden allein!
Erde ist nicht Feuer
wer sich in sie vergräbt muss nicht mehr springen
Entnehmt also ein Opfer in meinem Namen
damit ich drüben nicht mittellos eintreffe
niemand verschmäht sein Grab
niemand verschmäht seine Zeit

Die Klarsichtigen
Gis gis gis-Moll hörst du ihn den schweren Klang
deines nunmehr angekündigten Todes
oder bleibst du taub für unsere lärmende Not …
Ich höre gut, ich erkenne deines Schrittes
Gesang (versuchtest du zu verhandeln) während
sie sich in den Wirkungen ihres Schweigens
auf deinem Gesicht erging das nach Antworten giert
Wer hatte dein Ohr hinweggerafft …
(wer und warum)
– der Fremde wird es nicht zu erzählen haben

Suivons ta civière qui soubresaute
observons les méandres de sa course
et nous le saurons nous le saurons

   Le disparu
Paix mes amis mes frères paix seulement
Pour sûr que je n'étais plus que statue de cendres
et mon double dans son humide royaume
pleurait ma destinée
Mais par amour j'envelopperai la braise
et ne refuserai ni ma tombe
ni mon temps

   Les clairvoyants
Et qui était venu chercher tes yeux
(quel mange-âme et pour quelle raison)
plus tranchants que ceux de l'enfant
qui a coutume de visiter l'autre rive…
Quand elle a entrebâillé la porte riant aux larmes :
apprends à m'imaginer car je m'éloigne et te trahis
La vue s'use au fil des ans avais-tu crié
sentant sous la flamme froide de ton amour d'antan
roussir ta paupière gâtée
Ainsi vint ta nuit ta tombe et ton temps

Nous avons suivi ta civière qui soubresaute
observé les méandres de sa course
et nous le savons nous le savons

   Le disparu
Las l'après-guerre et la paix
sont frères d'un même père
Rendez-moi aux invisibles car
je ne suis pas un mort en guerre
Voici marqués ma tombe et aussi mon temps

Folgen wir deiner holpernden Bahre
beobachten die Mäander ihres Laufs
und wir werden es wissen wir werden es wissen

Der Verschiedene
Frieden meine Freunde meine Brüder Frieden allein
Gewiss war ich eine Statue aus Asche
und mein Doppelgänger in seinem feuchten Reich
beweinte mein Geschick
Doch aus Liebe werde ich in die Glut mich hüllen
und weder mein Grab verschmähen
noch meine Zeit

Die Klarsichtigen
Und wer war gekommen deine Augen zu holen
(welcher Seelenesser und warum)
die schneidender waren als die des Kindes
das oft das andere Ufer besucht …
Als sie Tränen lachend die Tür einen Spalt öffnete:
Lerne mich in Gedanken zu sehen ich entferne mich und verrate dich
Der Blick wird stumpf mit den Jahren hattest du geschrien
da du fühltest wie die erkaltete Flamme deiner Liebe von einst
dein geschlauchtes Lid ansengte
So kamen deine Nacht dein Grab und deine Zeit

Wir sind deiner holpernden Bahre gefolgt
haben die Mäander ihres Laufs beobachtet
und wir wissen es wir wissen es

Der Verschiedene
Ach der Nachkrieg und der Frieden
sind Brüder eines selben Vaters
Gebt mich den Unsichtbaren zurück denn
ich bin kein Kriegstoter
Hier sind mein Grab und auch meine Zeit markiert

Merci ! Quittez donc ma civière
La paix la paix seulement

Ombres félines

À Marcus Rediker

Le premier c'est un borgne
oblique d'échine et de dessein
Son œil jaune luit dans la lézarde
Son bond infirme choit
sur le sable micacé qui cède

Les crocs du dogue il a connu
le fouet du commandeur
le rut forcé la fuite et la récidive

Quelle sera sa devise…

Et qui dit qu'on revient
même corps qu'en allé…

Un second somnole sur l'appontement
Vient-il une vague plus rude
que son oreille s'oriente et tressaille
Inchangée la rixe du fer et du flot
Des tréfonds mousseux
poussent trois chaînes dru comme fougères
La dernière
rien que rouille
        et rage
se tord tout en geignant

Danke! Lasst ab denn von meiner Bahre
Der Frieden der Frieden allein

Katzenschatten

An Marcus Rediker

Dem Ersten fehlt ein Aug
krumm der Rücken krumm die Absichten
Gelb leuchtet das Aug im Spalt
Sein kraftloser Satz stürzt
in den glimmernden und weichen Sand

Die Reißer der Dogge kannte er
des Kommandanten Peitsche
die Zwangsbrunft die Flucht immer wieder

Wie wird seine Devise lauten …

Und wer meint es kehrte
derselbe Leib zurück …

Ein Zweiter dämmert auf dem Pier vor sich hin
Kommt eine rüdere Welle
spitzen sich seine Ohren und zittern
Unverändert der Zwist zwischen Stahl und Strömung
Aus den schäumenden Tiefen
wachsen drei Ketten empor dicht wie Farn
Die letzte
nichts als Rost
          und Raserei
windet sich ächzend

Ainsi gémissait l'embarquée
que le capitaine mandait de la cale
pour apaiser de ses magies la houle
Un jour d'ouragan qu'elle refusait sa parole
à fleur d'écume il la fit asseoir
Ô séculaire démence en surplomb du sillage sanglant
Au mât fendu par l'éclair
il cloua encore
trois de ses meilleurs marins
Se signa fit de futiles prières
Pleura la chaise ouvrée
qu'avec la tempestaire
il avait léguée à la mer
Puis rentra à bon port
en sifflotant

Boulé sur le ponton
celui-là rêve aux grâces félines
de la puissante
entrevue et à son insu adorée
Savoir se dit-il
si plainte enrouée à présent
elle ne maudit pas le noir voilier
que jadis d'un signe de la main
elle aurait pu couler

Contre l'oubli et la bruine
il clôt alors toutes ses paupières
laissant le sommeil réunir
leur amour de l'autre monde
un temps

Et voici efflanqué le troisième
Sa trace il l'efface à chaque pas
à raser l'ocre des façades

So stöhnte die Eingeschiffte
die der Kapitän aus der Bilge holen ließ
damit sie mit ihrer Magie die Dünung bezähmte
An einem Sturmtag als sie ihr Wort verweigerte
da ließ er sie an die Gischt setzen
O jahrhundertealter Wahn über der blutigen Heckwelle
An den vom Blitz geborstenen Mast
ließ er zudem drei
seiner besten Matrosen nageln
Bekreuzigte sich zu nichtigen Gebeten
Weinte dem kunstvoll verzierten Stuhl hinterher
den er mit der Sturmstillerin
dem Meer vermacht hatte
Und gelangte zum sicheren Hafen zurück
pfeifend

Auf dem Kai kauernd
träumt jener von der Katzen Anmut
dieser kurz erspähten Mächtigen
die er unbewusst vergöttert
Wüsste man nur sagt er sich
ob heiser die Klage bereits
sie nicht verflucht das schwarze Segelschiff
das sie einst mit einem bloßen Wink
hätte sinken lassen können

Gegen das Vergessen und den Schmutt
schließt er seine Lider und lässt den Schlaf
ihre Liebe wiederbeleben
aus der anderen Welt
eine Zeit

Und hier ganz ausgemergelt der Dritte
Seine Spur die verwischt er auf Schritt und Tritt
wenn er am Ocker der Fassaden entlanghuscht

La nuit il gîte dans une meurtrière
et voit le bal des ombres du castel
lapant aux aurores le suc des corolles
Cette île il la connaît en ses moindres recoins
mais l'île refuse encore de le reconnaître
La mort dans l'âme
à lui-même il apprend à renoncer
se fait transparence
à jamais insaisi
comme le diable qu'on le répute

Le septième s'avance terrible et insatiable
Toi
ô toi tu ne pilles ni ne dérobes mais te laisses offrir
Au vrai tu aimes la compagnie des hommes
Et eux leur désir leur délice
n'est plus que de se faire chair dans ton carnage
sitôt que tu leur abandonnes ton sourire
et le soupçon d'une amulette dans ta chevelure rousse

Puissance de l'exception
quel sera ton surnom…

Au treizième je dis *eïa* pour la cicatrice
De loin j'admirais autant coeur que crinière
Douze fois je l'avais croisé
et douze fois l'avais cru lion
me trompant de saison et ah mêlant les âges
Il y a qu'il va vers une certaine maison
ce petit sentier de la honte
qui ouvre grand sur le large et tous ses effrois
Sans compter qu'en chemin le mot fouaille la blessure
Celui-là de la pointe de l'ongle aura laissé

Nachts da strandet er in einer Schießscharte
und sieht den Ball der Burgschatten
In der Frühe schlappert er den Nektar der Blumen
Diese Insel ja die kennt er jeden Winkel
Doch die Insel sie weigert sich noch ihn anzuerkennen
Schweren Herzens
lehrt er sich selbst zu entsagen
macht sich durchsichtig
für immer ungreifbar
wie der Teufel so sagen sie

Da kommt der Siebte schrecklich und unersättlich
Du
o du plünderst nicht entziehst nichts sondern du lässt dich beschenken
In Wahrheit liebst du der Männer Gesellschaft
Und sie ihr Begehren ihre Wonne
nur noch ein Fleischwerden in deinem Gemetzel
sobald du ihnen dein Lächeln preisgibst
und die Ahnung eines Amuletts in deinen roten Haaren

Macht der Ausnahme
wie wird dein Spitzname lauten …

Zum Dreizehnten sag ich *eja* wegen der Narbe
Von weitem bewunderte ich
sowohl das Herz als auch die Mähne
Zwölf Mal traf ich ihn
und zwölf Mal hielt ich ihn für einen Löwen
da ich mich in der Jahreszeit täuschte
und ach auch die Zeitalter vermengte
Es kommt vor dass er zu einem gewissen Haus führt
dieser kleine Pfad der Scham
der weit auf die hohe See und ihre Schrecken
hinausführt wo unterwegs das Wort die Wunde peitscht
Dieser hier wird mit dem Fingernagel

un relief de plus sur l'atlas de mon corps
Merci pour le coup de rein
le retour au pays natal longtemps sous rature
Et pour le coup de griffe merci merci bien

Couchés sur la plage
ils sont des mille et des cents
qui attendent qu'on les appelle de leur vrai nom
qu'on siffle leur devise
toi fils du fils de mon parent et toi frère d'un ancien quelqu'un
On ne les chasse pas on les ignore ces revenants
Une photo fut prise
et aussitôt perdue
ou elle ne donna rien
Pourtant entre deux rires on m'a fait part de leur rassemblement
Cette île est singulière — trop de chats errants

L'absente de tout reflet

Il me semble qu'autrefois, les gens des rues avaient plus de
classe, pas mal de gouaille et un vrai tempérament.
J'ai tout à coup souvenance d'un homme assis devant l'église Saint-
Sulpice — vraie fleur de crucifix en sa maigreur obscène avec,
pour couronner le tout, une barbe de trois jours, le teint assez
livide, l'œil cave et délavé.
J'étais en train de râcler mes poches, confuse, mais pas vraiment
surprise, de n'y rien vraiment trouver. D'un bond il s'est levé, m'a
tendu sa sébile
— Passante à moi l'honneur je sais que c'est très peu mais vraiment
de grand cœur

ein Relief mehr auf meines Körpers Atlas
hinterlassen haben
Danke für den Stoß in die Rippen
die Rückkehr in die lang gestrichene Heimat
Für den Hieb mit den Krallen danke danke sehr

Am Strand liegend
sind sie Hunderte Tausende
wartend dass man sie bei ihrem wahren Namen ruft
dass man ihre Devise pfeift
du Sohn des Sohnes meines Verwandten und du Bruder eines Ahnen
Man verjagt sie nicht man ignoriert sie diese Wiedergänger
Ein Foto wurde gemacht
und gleich verloren
oder aber war nichts geworden
Gleichwohl hat man mir kichernd von ihrer Versammlung berichtet
Diese Insel ist singulär – zu viel streunende Katzen

Die Abwesende jedes Spiegelbilds

Mir scheint, früher hatten die Leute auf den Straßen mehr
Klasse, eine Menge Spottlust und echt Temperament.
Plötzlich erinnere ich mich an einen Mann, der vor Saint-Sulpice
saß – eine wahre Kreuzesblume aufgrund seiner obszönen Mager-
keit und, um das Ganze zu krönen, mit Dreitagebart, aschfahlem
Antlitz und eingefallenem, verwaschenem Blick.
Ich war dabei, in meinen Taschen zu kramen, verwirrt, wenn auch
nicht wirklich überrascht, nichts darin zu finden. Mit einem Satz
erhob er sich und reichte mir seine Bettelhand
»Passantin, es ist mir eine Ehre, ich weiß, es ist wenig, aber von
ganzem Herzen«

Par habitude, j'ai voulu rue Madame interroger les vitrines : de mon reflet, je n'ai vu que l'absence. Déjà j'avais remarqué que le soleil ne me faisait plus d'ombre et j'avais mis cela au compte de la saison avancée. Ou bien du nymphéa violet qui éclosait sur ma paupière, tous les maudits matins d'après-guerre.

Soleil, destin de l'homme et de l'hélianthe : ma nostalgie va à la lune. Chaque mois, à ce qu'on dit, elle est grosse des défunts qu'elle embarque. Pourquoi ne pas me glisser dans sa cale, mettre les voiles, lever l'ancre ?
— Il n'a que la mort qui tue retiens un peu ton pas qui est née d'amour ne va pas cherchant le moindre barbelé pour s'y arracher l'âme
Las, que ne suis-je de ces tourneurs de proverbes, de ces tisserands de l'axiome qui diraient
— Homme c'est tournesol et femme c'est marée qui bat

Aus Gewohnheit wollte ich in der Rue Madame die Schaufenster
befragen: In meinem Spiegelbild habe ich nur die Abwesenheit
gesehen. Da hatte ich schon bemerkt, dass die Sonne mir keinen
Schatten mehr erzeugte, doch das hatte ich mir mit der bereits
fortgeschrittenen Jahreszeit erklärt. Oder aber mit der violetten
Seerose, die auf meinem Lid erblühte, an jedem der verfluchten
Nachkriegsmorgen.

Sonne, Schicksal des Menschen und der Helianthen: Meine
Sehnsucht gilt dem Mond. Jeden Monat, so heißt es, wird er runder
und runder wegen der Toten, die er an Bord nimmt. Warum mich
nicht in seinen Kielraum gleiten lassen, die Segel hissen, den An-
ker lichten?
»Nur der Tod tötet mäßige ein wenig deinen Schritt wer aus Liebe
geboren wird hält nicht Ausschau nach dem kleinsten Stacheldraht
um sich daran die Seele auszureißen«
Was bin ich ihrer überdrüssig dieser Sprichwortdrechsler, dieser
Axiomenweber, die sagen würden
»Der Mann ist Sonnenblume und die Frau wogende Flut«

VI. QUI GAGNE À ÊTRE TU

Quant à vanner

D'un coup tombait une fraîcheur
sur cette maison qui n'était pas de plain-pied
Mais on avait beau dire et faire
apprêtant déjà pagnes lourds et encensoirs
seule la lumière tremblait à se transir un peu
et les formes domptaient encore
la meute des ombres à leurs pieds

Ah l'aurais-je assez aimé
ce soubassement fait de rêves et de parpaings
où les lares alanguis aimaient à deviser!
On m'écrit qu'on l'a démoli depuis!
Qu'aux crues ses épaufrures n'ont pas cédé!
Que juré! cette hausse
on en avait longtemps causé
Dieu ne l'avait pas voulu
le temps avait manqué!
Je ne réponds de rien
sinon du crépuscule qui s'ajournait
quand venait l'heure de vanner

Elle était mince j'étais sage
notre âge un frisson à fleur de peau
Et fluide son bras haut d'où tombait
fustigée par le vent comme l'or d'une cascade
Balle et glume un instant dispersées
tentaient furtif essaim un retour
brillant au bout du compte

VI. DINGE DIE ZU VERSCHWEIGEN SICH LOHNT

Was das Worfeln betrifft

Auf einen Schlag legte sich eine Frische
über dieses Haus das nicht ebenerdig war
Doch was man auch sagte und tat
schon schwere Schurze und Weihrauchfässer bereithaltend
nur das Licht zitterte dass es ein bisschen schummrig war
die Formen aber zähmten noch
die Meute der Schatten zu ihren Füßen

Ah hätte ich's genug geliebt
dieses Fundament aus Träumen und Betonsteinen
wo die ermatteten Laren sich gerne unterhielten!
Man schreibt mir dass es inzwischen abgerissen ist!
Dass die Abplatzungen den Hochwassern standgehalten haben!
Dass wahrlich! es anzuheben
lange hatte man davon gesprochen
Gott es nicht gewollt
die Zeit gefehlt!
Ich bürge für nichts
es sei denn für die Dämmerung die sich hinauszögerte
wenn es Zeit zum Worfeln war

Sie war schlank ich war brav
unser Alter ein Prickeln unter der Haut
Und fließend in der Luft ihr Arm dem Goldenes
gegeißelt vom Wind gleichsam in Wasserfällen entsprang
Spreu und Spelz einen Moment verstreut
versuchten sich als flüchtiger Schwarm an einer Wiederkehr
und funkelten schließlich

à la treille de ses tresses
comme des louis anciens
D'une volée de doigts
elle faisait mine de s'en déparer
se ravisait enfin

Rentrez ! ainsi portait la voix de la mère
d'empire et de détresse mêlée
À faire filer les étoiles on vous dit sorcière !
Mais elle narguait sa mère et de moi se riait
moi qui triais en patience une poignée du riz
qu'une autre avait matin pilé
moi qui n'aimais rien tant alors
qu'obtempérer

En sorte qu'elles ne vaguaient plus
mes pensées parmi les perles blanches
que mes doigts inquiets poussaient
sans plus de vigilance
ivraie pierres et grains
tant était soudain maussade
à l'approche de la nuit
l'ouvrage que j'aimais
J'y étais et n'y étais pas
contrariée un peu
toutes choses à présent de leur halo dérobées
par ces grosses fleurs bleues
embossées sur le plateau de faïence

Était-ce métier ou cérémonie
cette paume renversée pour y asseoir sa jatte
cette taille fléchie pour poser son grain
à l'abri du soin fébrile des volailles
cette errance encore tout au bord du regard tracée…
Brusque et grave elle me tendit

am Spalier ihrer Locken
wie Thaler von einst
Flugs mit den Fingern
tat sie so als wollte sie diesen Schmuck ablegen
besann sich dann aber eines Besseren

Komm rein! so hallte die Stimme der Mutter
halb herrschend halb hilflos
Wenn du so die Sterne sausen lässt wird man dich Hexe nennen!
Doch für ihre Mutter nur Hohn und für mich nur Spott
Für mich die ich geduldig eine Handvoll Reis las
die eine andere morgens gestößelt hatte
für mich die ich damals nichts lieber tat
als mich zu fügen

Sodass sie nicht mehr umherstreiften
meine Gedanken zwischen den weißen Perlen
die meine besorgten Finger in Augenschein nahmen
ohne besonders wachsam zu sein
Spreu Steinchen und Körner
derart trostlos war plötzlich
beim Herannahen der Nacht
dies Tun das ich mochte
Ich war dabei und war es nicht
ein wenig verdrossen
alles und jedes jetzt seiner Aura beraubt
wegen dieser dicken blauen Blumen
die das Fayencetablett zierten

War es Handwerk oder Zeremonie
diese offene Hand ihre Schale draufzustellen
diese vorgebeugte Taille ihr Korn abzulegen
geschützt vor der fieberhaften Sorge der Hühner
dieses Umherirren immer noch ganz am Rande des Blickfelds …
Brüsk und ernst hielt sie mir

un bouchon de paille
ce seau d'un reste de soleil éclaboussé
m'enjoignant de la suivre
à l'arrière de la maison
Alors nous connûmes
que longtemps encore
pour vanner cette verse
de lumière il y aurait suffisance

Au sujet du rétable des neuf esclaves

À Édouard Duval-Carrié, en hommage

Mémoire bien plus blanche que nappe d'autel
(on prétend que c'est honorer Dieu)
Encens qui monte au gré des prières
en un vertical mépris de tout ici-bas
Aux volets du rétable va donc revenir
la tâche de conter telle quelle

l'obscure histoire de neuf Marrons
qu'on pendit haut et court au tronc d'un cocotier
et voici qu'autour des noix de leurs têtes
des putti avinés jouaient de la trompette

Même au temps où ensemble ils travaillaient la canne
on sentait qu'en complicité ils y cachaient
les serres qui leur poussaient aux pieds
et les ailes qui doublaient leurs bras
N'émergeaient de l'enfer que leurs têtes turquoises
creusets à épure d'un rêve de liberté

einen Bund Stroh entgegen
diesen Eimer mit dem Rest verspritzter Sonne
mich auffordernd ihr zu folgen
hinters Haus
Da erkannten wir
dass noch lange Zeit
um diesen Schwall zu worfeln
Licht genug wäre

Zum Retabel der neun Sklaven

Édouard Duval-Carrié zu Ehren

Gedächtnis viel weißer noch als Altardecken
(angeblich zu Gottes Ehr und Ruhm)
Weihrauch der aufsteigt mit den Gebeten
in vertikaler Verachtung für alles hienieden
Aufgabe der Retabelflügel ist also
sie als solche zu erzählen sie

die dunkle Geschichte der neun Maroons
hoch und kurz erhängt an einer Kokospalme
und es spielten um diese Köpfe
Putti im Weinrausch auf ihren Trompeten

Selbst als sie zusammen im Zuckerrohr schafften
war zu spüren dass sie wie Komplizen
dort die Fänge versteckten die ihnen an den Füßen wuchsen
und die Flügel die ihre Arme vermehrten
Nur die Köpfe ragten türkis aus der Hölle
Schmelztiegel zur Veredlung eines Traums von Freiheit

et leurs torses au plexus diamanté
comme de solides boucliers de cuir cru
couvrant les chamades de leurs coeurs en cavale
L'allégorie exige qu'ils n'aient point de nom

ces neuf apostats ces neuf Marrons
(mais au fait n'étaient-ils donc pas douze…
l'un a trahi et deux autres se sont rangés)
qui un certain soir avaient pris trace
pris le large vers Guinée l'ancienne
Leur crime — s'être ainsi corps et âme dérobés

aux biens immeubles de l'avaricieux planteur
Comme ils n'en étaient pas non à leur premier coup
comme on craignait de Saint-Domingue la terreur
sans regarder à la dépense on fit exemple

À droite et à gauche leur passion
torture et travail c'est même pain quotidien
On les ramène nus sexe au clair
et quasi-étranglés par un anneau de fer
Sur leurs visages jumeaux se mêlent
espoir oxydé et ironie

Sur la travée du mitan leur épiphanie !
en barque sur le bleu qui les mène au Pays
de ramer il n'est même plus question
leur pêche miraculeuse étant au bout des piques

Pour le cadre l'imagier sculpta
dans la grisaille une vigile de têtes drues
Eux mi-papillons et mi-anges désormais
déploient leurs ailes colorées sans suspicion
mais gardent au paradis leurs diables de loups bleus
par le trou noir de leurs yeux s'engouffre l'histoire

und ihre diamantbesetzten Rümpfe
wie feste Schilde aus Rohleder
für ihre bis zum Hals schlagenden Herzen auf der Flucht
Die Allegorie will dass sie keine Namen tragen

die neun Apostaten neun Maroons
(aber waren's nicht eigentlich zwölf …
minus ein Verrat und zwei sind ausgestiegen)
die eines Abends die Fährte aufgenommen
gen Guinea der Altehrwürdigen
Ihr Verbrechen – mit Leib und Seele verloren

fürs unbewegliche Gut geizigen Pflanzers
Da dies oh nein nicht ihr erster Coup war
und gefürchtet der Terror aus Santo Domingo
statuierte man Exempel um jeden Preis

Zur Rechten und zur Linken ihre Passion
Folter und Fron ein und dasselbe tägliche Brot
Sie werden splitternackt hergeschafft
und so gut wie erwürgt von dem eisernen Ring
Ihre Zwillingsgesichter mischen
rostige Hoffnung und Ironie

Das Mittelbild ihre Epiphanie!
In der Barke auf Blau das sie bringt ins Land
ihr wundersamer Fang steckt auf den Lanzenspitzen
vom Rudern ist nicht mal mehr die Rede

Für den Rahmen erschuf der Bildner
im Grau in Grau Wächter mit stämmigen Gesichtern
Sie fortan halb Schmetterlinge und halb Engel
weiten ihre bunten Flügel ohne Argwohn
doch nehmen im Paradies ihre blauen Masken nicht ab
Durchs schwarze Loch ihrer Augen fegt Geschichte

Des choses qui gagnent à être tues

Ocre midi dans ce pays vaste et vieux
Heure des sébilles qu'on tend des plaies qu'on exhibe
des moignons qu'on monnaie aux carrefours
Midi dans cette ville où sable et poussière donnent le bal
où des jarres d'eau coiffées de timbales
attendent aux portails la soif des passants
Il y avait un vieux au visage de miel à la jambe oblique
qu'en gens soucieux de notre lot de ciel
nous invitions toujours à partager notre gras
Un jour comme il s'approchait à pas comptés du bol
sous l'œil des enfants qui rongeaient au pourtour leur impatience
son estomac le trahit et gémit bruyamment
Serais-tu donc plus pressé que moi… marmonna l'aïeul
retournant se terrer en sa cahute
sur une périlleuse volte-face
Le ventre n'aime pas le groupe
mais
il y a des choses qui gagnent à être tues

L'esprit est une malle et la coutume une marâtre
La coutume cette ogresse se délecte des rêveurs des tendres et des
    errants
On dit que le garçon revint de la brousse l'index tranché
les maîtres d'initiation n'ayant pu trouver de sexe entre ses jambes
On dit que cet autre fut envoyé à la guerre fusil en bandoulière
pour exactement la même raison
On raconte j'enjolive au lieu de laisser la lumière sous le boisseau
Pourtant
il y a des choses qui gagnent à être tues

Dinge die zu verschweigen sich lohnt

Ockermittag in diesem weiten alten Land
Zeit der Bettelschalen der ausgestellten Wunden
der an Kreuzungen versilberten Gliedstummel
Mittag in dieser Stadt wo Sand und Staub zum Tanz bitten
wo Wasserkrüge bekränzt von Trinkbechern
an den Toren den Durst der Passanten erwarten
Es gab da einen Alten mit Honiggesicht und krummem Bein
den wir auf unsere Scholle des Himmels achtsame Leute
stets einluden unser Mahl mit uns zu teilen
Eines Tages da er sich behäbig der Schüssel näherte
unter den Augen der Kinder die ringsum ihre Ungeduld kauten
verriet ihn sein Magen und knurrte laut
Du hast es wohl eiliger als ich ... brummelte der Greis
und machte gefährlich schwankend kehrt
um sich wieder in seine Hütte zu kauern
Der Magen liebt die Gruppe nicht
doch
gibt es Dinge die zu verschweigen sich lohnt

Der Geist ist ein Rucksack und der Brauch eine Rabenmutter
Der Brauch ist ein Oger labt sich an Träumern Zarten und Wanderern
Man sagt dass der Junge mit abgeschnittenem Zeigefinger aus dem
    Busch zurückkam
da die Initiationsmeister kein Geschlecht zwischen seinen Beinen
    finden konnten
Man sagt dass jener andere mit geschultertem Gewehr in den Krieg
    geschickt wurde
aus genau dem gleichen Grund
Man erzählt ich schmücke aus anstatt das Licht unterm Scheffel zu
    lassen
indes
gibt es Dinge die zu verschweigen sich lohnt

Pharaonne

Sur la statue des amants royaux Memi et Sabu

Ce geste lapidaire
courant du rein du dieu
à la plaine où son nombril est offert
à la soif des foules et des faunes
c'est vous qui l'initiez
beauté qui vient
dame des dunes
à la grave paupière

Rien ne l'érodera
rien n'a pu l'éroder
cette pose féconde dans un basalte coulée
peut-être bien un grès
à l'image de vous Madame qui
amante soeur idée déesse
en clamez au désert
la toute-puissance et l'éclat

À l'image de vous disais-je
et de celui qui vous ressemble
Vous l'épaulez un pied en retrait
comme pour l'aider à porter
du renom la pesante lumière
Vous épousez de son éternité l'arcane
Monumental amour mausolée à deux
sereine effusion certitude minérale
que le désir n'est pas moins fort pour être pétrifié

O gardiens du grain et des mystères !
On vous croirait calmes
comme deux pays frères
qu'une frontière au lieu de diviser acotte

Pharaonin

Über die Statue der königlichen Liebenden Memi und Sabu

Diese lapidare Geste
die von der Lende des Gottes
zur Ebene führt wo sein Nabel sich schenkt
dem Durst der Massen und der Faune
Sie sind es Sie die zu ihr ansetzen
zur kommenden Schönheit
Dünendame
mit schwerem Lid

Nichts wird sie verwittern
nichts konnte sie verwittern
diese fruchtbare in Basalt gegossene Pose
vielleicht eher Sandstein
Ihnen ebenbildlich Madame die Sie
Geliebte Schwester Idee Göttin
deren Allmacht und Glanz
in der Wüste verkünden

Ihnen ebenbildlich sagte ich
sowie dem der Ihnen ähnelt
Sie stützen ihn einen Schritt hinter ihm
wie um ihm zu helfen
des Rufes schweren Glanz zu tragen
Sie vermählen sich mit seiner Ewigkeit Arkanum
Monumentale Mausoleumsliebe zu zweit
heiterer Erguss mineralische Gewissheit
dass das Begehren nicht weniger stark ist um versteinert zu werden

O Wächter des Korns und der Mysterien!
Ihr scheint so ruhig
wie zwei Bruderländer
denen die Grenze nicht Teilung sondern Naht ist

Mais lianes vos bras à la taille du roi
une main en convoitise de ce qui sous le pagne bat
— l'autre pointe d'aile rameau de palme
à effleurer (sans hâte ni effet)
du poignet divin l'ocre barcane

De mon sarcophage la nuit
tourmentée de trois cilices et d'une haire
je vous entends allez ! pépier et puis rire
vos lèvres dégustant
une même et secrète goulée d'air
L'image au mur est écornée mais
l'amour emmuré infini car
(je le sais et vous l'accorde)
le geste le plus tendre est inscrit dans la pierre

Âme en cavale

Si exiguë la ville
qu'ici et puis là le cimetière s'y voit
son mur d'enceinte tout dévalé de liserons
comme d'autant d'âmes en cavale
Que là soit ta demeure désormais
avec ce parfum de jasmin qui s'en échappe
qui suis-je pour conclure…
J'y songe un instant tente d'y ajouter foi
Hier encore pourtant je t'ai vue
ma main au feu !
bondir
cheveux floutés par la bruine
à travers la lande griffue
Tu allais accrochée de guingois

Doch Lianen Ihre Arme um des Königs Hüfte
eine Hand will was unter dem Schurz pocht
– die andere Flügelspitze Palmzweig
streift (ohne Hast noch Haschen)
mit göttlichem Handgelenk den ockerfarbenen Barchan

Von meinem Sarkophag aus
betrübt durch drei Bußgewänder ein Härenhemd
höre ich euch nun denn tschilpen und dann lachen
eure Lippen kosten
ein und denselben geheimen Schluck Luft
Das Bild an der Wand ist beschädigt aber
eingemauerte Liebe unendlich denn
(ich weiß es und gesteh' es euch zu)
die zarteste Geste steht geschrieben in Stein

Seele auf der Flucht

So winzig diese Stadt
dass man von hier und auch von dort den Friedhof sieht
Von seinen Mauern seilen sich Ackerwinden
wie lauter Seelen auf der Flucht ab
Dort möge fortan deine Bleibe sein
mit diesem sich freisetzenden Duft nach Jasmin
wer bin ich um zu schlussfolgern …
Einen Augenblick denke ich daran
versuche dem Gedanken Glauben zu schenken
Dabei habe ich dich gestern noch
meine Hand ins Feuer!
hüpfen
sehen schmuttverschwommen dein Haar
durch die krallenbewehrte Heide
Schief dein Gang

à la laisse du grand dogue impatient
qui t'entraînait sans hasard
vers une meute de falaises
rivées à leur curée de vagues

Si labile ton sourire
en cette course éperdue
qu'il décourageait toute glose
Et ce cou ployé d'enfant en faute que je connaissais bien
était-ce malice tendre ou plutôt pardon quêté
pour ce dégoût soudain des pas comptés
et des sentiers qu'on ne battrait plus ensemble…

Portrait de la mort en migrante

Ah qu'elle était jolie notre pirogue
avec sa coque fraîchement repeinte
de trois ou quatre couleurs gaies
ses bancs polis par l'usage
ses cordages bien lovés
et même autant de gilets de sauvetage
qu'il y avait de femmes et d'enfants
rencognés en poupe sous la préceinte
coincés par le bataclan des autres passagers

Si c'était à midi qu'on avait quitté
on allait tout de suite comprendre
qu'on prenait pied sur un cayuco gâté
équipé vite fait de moteurs-façon
Une épave exhumée de la vase

an der Leine der großen ungeduldigen Dogge
die dich ohne Zufall zog
zu einer Meute von Klippen
vernietet mit ihrer Beute an Wellen

So schwach dein Lächeln
auf dieser verzweifelten Hatz
dass es jede Glosse entmutigte
Und der gebeugte Kopf
des auf frischer Tat ertappten Kindes
den ich wohl kannte
war das zarter Schalk oder eher erbetene Vergebung
für diese jähe Abscheu gegen vorgezeichnete Schritte
und Pfade die wir gemeinsam nicht mehr austreten würden …

Porträt des Todes als Migrant

Ach wie hübsch sie war unsre Piroge
mit dem frisch gestrichenen Rumpf
in drei bis vier frohen Farben
mit den gesäßpolierten Bänken
dem sauber aufgerollten Tauwerk
und sogar so vielen Schwimmwesten
wie es Frauen und Kinder gab
am Heck unterm Barkholz verstaut
zwischen dem Gerümpel der anderen Passagiere

Wär's als wir ablegten Mittag gewesen
hätten wir sofort geschnallt
dass wir auf einem faulenden Einbaum saßen
auf die Schnelle mit etwas Motorähnlichem versehen
Ein aus dem Schlick exhumiertes Wrack

pour les seuls besoins de la cause
et rafistolée sans rime ni raison
Qu'elle n'avait (cette guigne)
nul savoir des choses océanes
au rebours de nos pirogues d'antan
qui passaient la barre souples et crânes
et s'éloignaient avec un fier balan
Si c'était en plein jour qu'on avait largué
on aurait vu parmi nous assise de biais
la mort qui pour prendre moins de place
croisait les jambes en sainte-nitouche
Et minaudière avec ça
Ne vous dérangez pas pour moi
ce bout de banc à mon besoin suffira bien
elle avait extirpé un cure-dents de sa besace
Ah si le soleil n'avait pas manqué
j'aurais pu découvrir le pot aux roses :
c'est que peint sur la coque de notre sabot
entre deux frises et un envoi
le nom de Charon s'étalait
et en punition pour moins d'équivoque

À tous les gens de bonne foi embarqués
sur les eaux obscures de l'immémorial chaos
là où les djinns furieusement démêlent
leurs longues chevelures lamées
                              qui flottent dans la bourrasque
mille regrets
mille regrets vraiment
À la traversée de ces stridents cloaques
la terreur cinglant même les moins timorés
que le capitaine faisait lier d'une longe
afin qu'à l'abîme par dizaines ils ne plongent

einzig und allein zu diesem Zweck
und geflickt ohne Reim und Verstand
Dass sie (unsre Pechmarie)
von ozeanischen Dingen nichts wusste
anders als unsre Pirogen von einst
die geschmeidig und großspurig die Kämme zuritten
und sich in stolzen Schwüngen entfernten
Wär's als wir in See stachen helllichter Tag gewesen
hätten wir ihn schief uns beisitzen sehen
den Tod der um uns Platz zu machen
ein Bein übers andere gelegt hatte
wie ein Leisetreter
Und gestelzt noch dazu
Lassen Sie sich durch mich nur ja nicht stören
ein Eckchen Bank wird mir ganz und gar genügen
Er hatte schon einen Zahnstocher aus seinem Beutel gekramt
Ach wär' die Sonne nur nicht säumig gewesen
hätte ich das Rosenkästchen längst gelüftet:
Denn gemalt auf den Rumpf der hölzernen Wanne
zwischen zwei Zierleisten und einem Zum Geleit
stand der Name Charon
die Strafarbeit für weniger Zweideutelei

Allen Leuten die guten Willmuts
die dunklen Gewässer des unvordenklichen Chaos befahren
dort wo die Dschinn wütend
ihre silbernen langen Locken
                       mischen und in Sturmböen
                                  flattern lassen
kommt Reue tausendmal
die Reue tausendmal fürwahr
Bei der Fahrt über jene gellenden Kloaken
schwor der Schrecken selbst die Unerschrockenen auf seinen Kurs ein
Der Kapitän legte sie an eine Laufleine
damit sie nicht zu Dutzenden in den Abgrund stürzten

VII. DU PEINTRE LE REPENTIR

Anchise hors des murs

fut un temps où ton sommeil
logeait têtu sous mon aisselle
un gorgeon de lait un soupir
nous apaisaient assez
                  mais elle veillait la ville
                      — toujours un son une sirène
pour prévenir le cercle de nous circonvenir

à présent
ton impatience arpente
la fosse où je te tiens
et c'est de l'empreinte du fauve
        qu'aux chemins par ta faute rompus
            sitôt évadé tu t'en vas signant

qu'adviendra-t-il de nous demain
dans ce pays déçu qui lapide ses poètes…
    juche-toi sans crainte sur mon épaule feules-tu
    cache nos mânes vives au creux de ton coude
    à traverser ce fleuve ensemble je ne faillirai point
        longue est la saison du feu sûres les retraites
        dont nous ferons demeure sur ces rivages forains

VII. DES MALERS PENTIMENTI

Anchises außerhalb der Stadtmauern

es gab eine zeit da dein schlaf
stur unter meiner achsel hauste
ein schluck milch ein seufzer
stillten uns reichlich
                  aber sie wachte die stadt
                        – stets ein laut eine sirene
den zirkel daran zu hindern uns zu umschließen

inzwischen
vermisst deine ungeduld
die grube in der ich dich halte
und mit dem fußabdruck der raubkatze
      auf durch deinen fehl gebrochenen wegen
           schreitest du kaum entronnen signierend hinfort

was wird morgen nur aus uns werden
in diesem gestürzten land das seine dichter steinigt …
    schwing dich ohne furcht auf meine schulter fauchst du
    versteck unsere lebhaften manen
    in der mulde deines ellbogens
    durchqueren wir diesen fluss gemeinsam strauchele ich nicht
        lang ist die zeit des feuers und sicher die klausen des rückzugs
        die wir zur wohnstatt wählen an diesen jahrmarktsufern

Haïku

Le lait de la lune
goutte sur les plis du drap
Parfum de l'absent

Fleur sèche et diaphane
entre papier bible ancien
L'âme d'un défunt

Sous la mosaïque
de ses tresses un Louis d'or vieux
L'harmattan patiente

Lumière d'août prise
au miroir d'un marécage
L'audace d'un jonc

Lourd et gras le pas
des boeufs qui foulent le gué
de leurs sabots plats

Miroirs cauris cornes
La tunique du chasseur
jette effroi en ville

Glycine bleutée
qui embrasse la tonnelle
d'un geste noueux

Haiku

Die Milch des Mondes
tropft auf des Lakens Falten
Duft nach Absenzen

Blume diaphan
gepresst in alter Bibel
des Toten Seele

Unterm Mosaik
ihres Zopfs ein Goldtaler
Harmattans Geduld

Augustlicht erstarrt
im Spiegel eines Moores
Die Kühnheit des Schilfs

Schwer und fett der Schritt
Wie in Pantinen stampfen
Rinder durch die Furt

Spiegel Kauris und Hörner
Der Rock des Jägers
jagt der Stadt Angst ein

Blauregen umarmt
mit verknotender Geste
die Gartenlaube

L'aube attend son heure
Fleur de lune à ton nombril
percé d'un fil d'or

Du vent le soupir
Les feuilles ont des lignes aux paumes
où voir l'avenir

Arbre qu'on émonde
Chaque branche mutilée
décuple ma force

Abada

Je suis l'Ailleurs qui vous vient
    au bout de tant de vagues et de désirs
Au port m'attendait le roi pour
    toucher le prodige de ma corne
Peau jurassique œil éteint j'espère
    la trêve d'un crépuscule
En vos rêves trônerai tout cuirassé
    de dentelles et d'oursins

Gleich wird es Tag sein
Mondblume an deinem Nabel
mit dem Goldzwirn

Des Windes Seufzer
Der Blätter Handlinien
Chiromantisches

Beschneiden des Baums
Jeder verstümmelte Ast
gibt mir zehnfach Kraft

Abada

Ich bin das Anderswo das euch heimsucht
    nach all den Wellen und Wünschen
Im Hafen wartete der König das Wunder
    meines Horns zu berühren
Jurassische Haut erloschenes Aug ich hoffe
    auf eines Dämmers Ruh
In eurem Traum thron' ich mit meinem Panzer
    aus Spitzen und Seeigeln

VIII. MANTIQUE

sans

haïssable printemps — maudit soit avril aux tendres bourgeons
et maudite la brise pour la vie factice qu'elle prête aux chiffons
le recit avorte sans autre majuscule
sitôt crevée la besace de ce ventre
le lierre des rides grimpe vers mon front
chère âme a dit fr da c'était ecrit
au cimetière
j'enterre
un
?

sers

　　Et le troisième qu'en diras-tu celui que je vois attaché à ton dos
tétant pour tromper sa faim la pointe salée de ton omoplate…
Que je porte sur mon dos dites-vous… Ce que je porte sur mon
　　dos
ah regardez-mieux c'est un rondin solide et plein — d'un bois
madré réputé dur à fendre cont je tirerai une planche incurvée
pour mon tableau de mémoire
On le nommera c'est décidé
lukasa

VIII. MANTIK

sinnleer

hassenswerter frühling verflucht seien aprils zarte sprossen
und verflucht sei die brise fürs attrappenleben das sie den lumpen leiht
die erzählung treibt ohne jede majuskel
kaum ist sie zerplatzt den beutel dieses bauchs ab
das efeu der falten erklimmt meine stirn
teure seele hat frida gesagt geschrieben stand's
auf dem friedhof
beerdige ich
ein
?

Sinn

Und den Dritten was wirst du dazu sagen denjenigen den ich
auf deinen Rücken geschnallt sehe um seinen Hunger zu täuschen
nuckelt er an der salzigen Spitze deines Schulterblattes …
Den ich auf meinem Rücken trage sagen Sie … Was ich auf meinem
    Rücken trage
ach schauen Sie genauer hin ist ein solides kräftiges Stück Holz,
ein fein gemasertes Holz von dem es heißt es sei nur schwer zu spalten
aus dem ich ein gekrümmtes Brett zimmern werde
für meine Gedächtnistafel
Heißen wird sie das ist beschlossene Sache
Lukasa

IX. COLOPHON I

Je me parle beaucoup à moi-même à haute voix je songe
Et s'il vous arrive d'ouïr de ces tête-à-tête certaines inconvenances
n'allez pas me pendre au cou la pierre du mensonge
ne m'envoyez pas faire le tour de la ville en pénitence
ne forcez pas entre mes lèvres quelque fétide ordalie
n'exigez pas non qu'on m'attache et m'empale
Mettez ces fredaines au compte de la saison
de la lune ou de l'harmattan
de l habitude de lire sans bougie
de penser en spirale
et de chanter sans répons

IX. KOLOPHON I

Ich rede viel mit mir selbst mit lauter Stimme sinne ich
Und solltet ihr manche Anstößigkeit aus diesen Tête-à-Têtes
    aufschnappen
hängt mir nicht den Stein der Lüge um den Hals
schickt mich nicht im Büßerhemd durch die Stadt
quetscht nicht irgendein stinkendes Ordal zwischen meinen Lippen
    hervor
verlangt nicht dass man mich fesselt und pfählt
Schreibt diese Grillen der Jahreszeit zu
dem Mond oder dem Harmattan
der Gewohnheit ohne Kerze zu lesen
in Spiralen zu denken
ohne Responsorium zu singen

PALIMPSESTE DER ZEITLICHKEIT, GEMESSENEN SCHRITTES

Elara Bertho

»Schreiben ist Divination. Lesen was geschrieben wurde heißt das Rätsel entziffern«, so beschließt Édouard Glissant sein Nachwort zu Sylvie Kandés *Lagon, lagunes*. In diesen lapidaren Sätzen beschreibt der karibische Autor einerseits sehr treffend Sylvie Kandés Poetik: konzise Texte, als solche der Interpretation anheimgegeben, mit viel Platz für die Befragung durch den Leser, ausgehend von einigen uns gegebenen Schlüsseln. Andererseits liefert uns Glissant keineswegs eine Gebrauchsanweisung, sondern er möchte den Gedichten ihre Geheimnishaftigkeit belassen.

Kandés Texte sind ausgesprochen dicht, sie gleichen der »Präzipitation« im Sinne der Chemie: Die Kunst des Maßes, wie die Dichterin sie praktiziert, ist eine Kunst der Konzision, der Verdichtung der Erzählung ebenso wie der Syntax. Sie fordert uns ein langsames, geduldiges Lesen ab. Die mythologischen, poetischen und persönlichen Figuren, die durch diese Texte wandern, sind miteinander verknüpft, sie antworten sich und werden einander zu Doppelgängern, wie es ihnen beliebt. Die intertextuellen Verweise springen von der antiken griechischen Poesie in senegalesische Welten, vom bretonischen Boden in Haitis Revolten, wobei sie zugleich stets mit der Weltliteratur in Kontakt bleiben, von Saint-John Perse bis Léopold Sédar Senghor, von Édouard Glissant bis Fernando Pessoa.

Verflechtungen des Vergangenen und Gegenwärtigen

In den drei Büchern von Sylvie Kandé, *Lagon, Lagunes* (2000), *La Quête infinie de l'autre rive* (Die unendliche Suche nach dem anderen Ufer, 2011) und *Gestuaire* (2016), ist die Poesie im Heute verankert: Regelmäßig fragt sie nach dem Fortdauern der kolonialen Vorstellungswelten in der Gegenwart, nach den noch überaus lebendigen Gespenstern des transatlantischen Sklavenhandels und dem Schweigen der Subalternen.

Die Gattungen, die Sylvie Kandé erforscht, sind unterschiedlich, aber sie nutzt sie immer zu einer Reflexion über das Schreiben der Geschichte und die Geste des Wortergreifens im Namen der von der Geschichte Vergessenen. *Die unendliche Suche nach dem anderen Ufer* nimmt die Form eines Epos an, in dem die Suche Abubakaris II. nach einer Erde jenseits des Atlantiks nachgezeichnet wird, wobei die Dichterin sich alternative Enden dieser Geschichte ausdenkt und den transatlantischen Sklavenhandel in sieben aufeinanderfolgenden uchronischen Fährten übergeht, um schließlich in einem letzten Gesang die zeitgenössischen Überfahrten der Migranten über den Atlantik zu schildern, die sich wie der malische Kaiser auf »die unendliche Suche nach dem anderen Ufer« wagen. Diese alternativen Geschichten, diese Geschichten der Stimmlosen sind auch der Stoff der anderen beiden Bücher, wobei hier eher Formen zum Zuge kommen, die Bruchstücken ähneln.

»Unterm Strich« erzählt in einem kleinen ergreifenden Gemälde von den Gedanken, die René Montaudouin, der zwischen 1715 und 1717 Reeder des Sklavenschiffes La Concorde war, durch den Kopf gehen, bevor er sich anschickt, seine Dienerin in einem unheimlichen hors-texte zu vergewaltigen. Subtil werden hier die Herrschaft im intimen Zirkel des Hauses und die transatlantische europäische Herrschaft parallel beschrieben. Im Ungesagten kommt eine doppelte, eine patriarchale und kapitalistische Herrschaftsform zum Ausdruck. Das folgende Gedicht, »Rohre«, das im Titel Jean Toomers 1923 veröffentlichtes *Cane* aufgreift, beginnt mit einer persönlichen Anekdote, um die im Boden der karibischen Pflanzungen vergrabenen Revolten zu evozieren, ein umgekehrter Spiegel des voraufgegangenen Gedichts (auf der anderen Seite des transatlantischen Sklavenhandels). In dieselbe Richtung weist das Gedicht »Septembers Vogel«, in dem der Lebensweg der Großmutter der Dichterin und der einer kurz vor ihrem Verkauf entflohenen Sklavin über Kreuz erzählt werden: Die beiden alten Frauen fühlen sich an der Schwelle des Todes und töten ihre Vögel, die eine in ihrer Voliere, die andere einen Holzgegenstand opfernd, der einen Vogel darstellte. Der Vogel, der bereits im Eingangsgedicht »Möwe (Stumm)« zu diesem zweiten Kapitel (»Von Luft und Wasser«) erscheint, ist eine Metapher der Flucht und des Eintauchens in die Schrift.

Die Serie der »Schweren Schläge« ist ebenfalls vergleichbaren Fragmenten »infamer Leben« (Foucault) oder auch den *Leben der kleinen Toten* (Michon) gewidmet. Insbesondere »Gesslerhut« stellt ein unerbittliches kleines Theater dar: Ein junger Mann von heute wird am Ende niedergeknüppelt, die Szene im Wechsel der Perspektiven geschildert, aus jener des vom kolonialen Imaginären gespeisten »Gesetzes« und aus jener des jungen Mannes. Direkter könnte man wohl kaum dem unauflöslichen Geflecht aus Vergangenem und Gegenwärtigem Rechnung tragen, dem Wiederaufleben des Kolonialismus in der heutigen Polizeigewalt.

Auch die gesamte Serie der »Kriegstoten« schreibt eine vertuschte Geschichte, die der sogenannten »senegalesischen« Tirailleure, die für französische Interessen gestorben sind. Diese *Schwarzen Hostien*, um den Titel von Senghors jenen Tirailleuren aus dem Ersten Weltkrieg gewidmeten Band aufzugreifen, sind von der offiziellen Geschichtsschreibung weitgehend vergessene Soldaten gewesen, deren Rückkehr in die Heimat oft sehr schmerzhaft verlief. Das erste Gedicht, »Mobil gemacht«, erzählt die Geschichte von Thiémokho Kéita, dem Protagonisten der Novelle »Sarzan« von Birago Diop, der in sein Dorf Dougouba zurückkehrt und schließlich dem Wahnsinn anheimfällt. Das Porträt in Form eines poetischen Grabmals wandelt sich letztlich zu einer Reflexion über das poetische Schreiben und das Schreiben über sich:

Schrot des Himmels zerteilt
durch die Waffe die deine Schulter schmerzt
Osterglocke die deinen Sergeantenmantel ziert
Was es mich plötzlich kostet den Pinsel zu führen!
Den Köhlerglauben aufzubringen
denn dieses Porträt hängt in Wahrheit nur noch an mir
Am Rest der Grauschattierungen
ganz zart in kleinen Häppchen
eine feine Camaieu aus Melancholien

Die Menge im Selbst

Denn das Porträt eines Anderen ist ebenfalls ein Selbstporträt – ein Porträt aller Spielarten des Selbst, die sich im Bewusstsein tummeln, die miteinander kommunizieren und auch anderer Meinung sein können. Insbesondere am Morgen geraten »diese meine vom Schlaf entfesselten Personen« aneinander, um das »glatte« Oberflächen-»Ich«, das man den Anderen zeigt, neu zu ordnen, wie in »Ich weiß es«:

Jeden Tag, sobald der Morgen graut, verschließe und verriegele ich, ein glattes und glaubhaftes Ich, in mir diese meine vom Schlaf entfesselten Personen: Unzähmbar sind sie, heiser und sozusagen verdammt zum Rückfall; dann entziehe ich meiner Leber Gift und Galle, höhle unaufhörlich meine Knochen aus und sehe, wer wir im Traum waren, dort, was wir begangen haben, die aufzusagenden Formeln gegen die Verwünschungen und Schlupfwinkel, in denen sich die Ringe der Zeit zusammenrollen. Ich massiere mir die Schlüsselbeine, lege drei Finger auf mein Herz, um meine Stimmer besser auf seine Wälzer abzustimmen – und ich singe, was, ohne dass ich es gewusst hätte, wir wussten, ich, ich und ich, dreiköpfiger Sisyphos, der wir lebenslänglich unseren Felsbrocken aus Licht wälzen.

Diese innere Mannigfaltigkeit ist das Fundament des poetischen Schreibens: Es sind jene drei Stimmen, die den poetischen »Gesang« heraufbeschwören. Diese Menge kann sich ganz konkret mit der »métissage« decken, die Sylvie Kandé ausführlich erforscht hat, angefangen mit ihrer Doktorarbeit über den Begriff »kreolischer« Architektur in Sierra Leone über eine Tagung zu den Begriffen »métissage« und »Metissen-Identität« bis hin zu ihrer intellektuellen Freundschaft mit Édouard Glissant und ihrer Suche nach einer Poetik der Beziehung.

Die »Metissen-Identität« ist eine familiäre Identität und im vorliegenden Buch allgegenwärtig; in ihr kreuzen sich die bretonische und die senegalesische Minorität. Ihrem Großvater setzt sie ein Grabmal in dem Gedicht »Porträt in Krumen«: seine Gesten, Spurenelemente seiner Mundart, all jener unscheinbaren Zeichen des Alltags, die seine Idiosynkrasie bilden, sein singuläres Dasein, all das wird aus der Kinderperspektive dargestellt, in der Betrachtung so ernst, wie es nur auf Erwachsene gerichtete Kinderaugen sein können. Die senegalesische Seite kommt ihrerseits in einer Reihe verstreuter Gedichte zur Sprache. Etwa in der Beschreibung eines Brunnens und der Analogien zwischen dem Ort, an dem er sich befindet, und der familiären Abstammungslinie aus dem Gedicht »Genealogie« oder auch in »En gros …«, einer Meditation über die Spur in einem öffentlichen Bus …

»Beide Seiten« des poetischen und kindlichen Imaginären finden sich mit anderen, phantasmatischen »Seiten« verflochten, womit besagte »Metissen-Identität« noch verwickelter wird: Kandés Kenntnis der griechischen und lateinischen Tradition, künstlerische, kulturelle und literarische Doppelgänger, raue Mengen an Zitaten und Anleihen aus der Weltliteratur bereichern die Texte und schreiben die Kreolität in die poetische Identität selbst ein – sodass die identitären und nationalen Zugehörigkeiten sich auflösen. Somit kann sich die Identität nur noch in »Krumen« ausdrücken, als Bruchstück, wozu sich die Autorin in einem Vers bekennt: »unmittelbare krumen auf kleinen braven haufen«. Diese kleinen abgezählten Haufen sind miteinander verbunden, Bruchstücke, die sich nach Wahlverwandtschaften anordnen, sich zu Rhizomen oder Archipelen verzweigen, um sich beim Lesen neu zu konfigurieren.

Sylvie Kandé umgibt sich zudem mit Schutzpatronen. Die Göttin des Mondes ist in vielen Gedichten versteckt: Sie betrachtet die Baumwollfelder in »Rohre«, ausdrücklich taucht sie in »Lukasa. Gedächtnistafel« als Séléné auf, sie beschließt die Anthologie mit dem in »Kolophon« erwähnten Lesen bei Mondlicht; und nicht zuletzt hat sie viele Namen, entsprechend den mannigfaltigen Identitäten der Dichterin, wie in »Haiku«:

Milch hat neun Namen
Der Mond sieben, drei das Ei
Du irrst noch immer

Die Doppelgänger geben sich auch in der Gestalt der verliebten Königin (»Pharaonin«), in den von einem Maler gemalten und missbrauchten Frauen (»Vahiné«) oder als melancholische Lauscherin des Schneckenhorns am Strand (»Luftzug«) zu erkennen: Alle sind sie »Seleniten«, lunarische Wesen, die mehrere Sprachen sprechen, und darunter ebenjene, die sprechen zu können sie selbst überrascht und deren Name poetisches Schreiben lautet (wie in »Schlag ins Wasser«):

schlussendlich habe ich mir die Straße gegeben
in Zungen über die ich jedoch
gestern noch nichts zu wissen glaubte

Eine Dichtkunst der Askese:
Schreiben ist Entziffern und Zählen

Diese Selbstporträts in Krumen zwischen den Ufern enthalten eine Reflexion über die Geste des poetischen Schreibens. »Dichtkunst«, das erste Kapitel, ist ganz dieser Frage gewidmet, die dann in den folgenden Kapiteln zwischen den Zeilen immer wieder auftaucht. Das Maß ist hier zunächst eine Frage des Metrums der Verse. Sylvie Kandé greift regelmäßig auf den Alexandriner zurück, wobei sie ihn modelliert, mitunter dereguliert. In *Die unendliche Suche nach dem anderen Ufer* besitzt er eine politische Tragweite: die afrikanischen Migranten mit dem edlen Vers par excellence zu bedenken. Als Leserin von Senghor macht sich Sylvie Kandé die Haltung des Dichters zu eigen, von der jener in seinem »Schwellengedicht« zu seinem Buch *Schwarze Hostien* spricht: die Tirailleure zu besingen, die von den Dichtern vergessen wurden, »weil ihre Haut nicht klassisch war«. Die Migranten klassisch werden zu lassen, die großen Könige Malis, auch das ist eine Frage des Maßes. Doch bei Sylvie Kandé kann sich der edle Vers auch verzerren, zerbröckeln: In diesem Fall ist das Maß das eines ausfransenden Ich, das sich wieder zu fassen sucht. Maß um Maß: Die Verse werden in kleinen Schritten gezählt.

Entziffern heißt die Texte kreuzen. Diese Werkanthologie eröffnet die von dem venezianischen Seefahrer Ca' da Mosto (1429–1488) berichtete Anekdote über einen Tauschhandel im alten Kaiserreich Mali, der ohne jeglichen Wortwechsel vonstattengeht: Salzladungen werden dabei »in kleinen Haufen« abgelegt und am nächsten Tag durch eine entsprechende Menge an Gold ersetzt. Dieser »stille Tausch« ist eine brillante Metapher des poetischen Schreibens von Sylvie Kandé, die dem Leser dichte Ladungen auf der Seite in kleinen Fragmenten präsentiert, deren divinatorische Entzifferung wir auf uns nehmen müssen, indem wir die Zeichen lesen, bevor wir dann der Dichterin als Gegengabe unsere Interpretation liefern. Dieser Tausch auf Distanz heißt Lesen. Die kleinen Haufen sind die

»Krumen«, die Sylvie Kandé uns anbietet. »Kleine Haufen«, man begegnet hier ihrer Vorliebe zur Verdichtung sowohl der Syntax als auch der Erzählung, in einem Schreiben, das sich von Archaismen speist, einen Geschmack für seltene Worte hat, Pronomen gerne weglässt und zu Apposition und Parataxe neigt. Formen, die Kandé auch aus den Erzählungen im Alt- und Mittelfranzösischen kennt, so wie das Spiel mit häufig abgewandelten Redewendungen oder Sprichwörtern, jenen dichten und elliptischen Formen par excellence. Wie bei Pascal Quignard oder auch bei Gérard Macé werden die poetischen und narrativen Fragmente durch ein gelehrtes Spiel in die Falten der Bibliothek gebettet. Sylvie Kandé hat mehrfach erläutert, was ihre Schreibarbeit ihr an dokumentarischem Aufwand abverlangt, zum Beispiel eine umfassende bibliografische Arbeit über das Bauen der Pirogen und die dazugehörigen Handwerkskünste für *Die unendliche Suche nach dem anderen Ufer.* »Stiller Tausch« ist tatsächlich ein Schwellengedicht, in eine Poetik einführend, die sowohl auf der Askese als auch auf der Verdichtung beruht, und nicht weniger auf dem gelehrten und verliebten Spiel mit der Bibliothek des Wissens.

Überall in dieser Anthologie ist das Denken ein spiralförmiges Wiederaufgreifen, an Analogien und Verdoppelungen ausgerichtet. Die Doppelgänger stehen im Dialog mit den Dichtern, Malern, Sängern oder Dramaturgen, denen die Gedichte gewidmet wurden: Aimé Césaire, Saint-John Perse, Paol Keineg, James Sacré, Joe Cocker, Birago Diop, Louis Charlot, Alberto Giacometti, Markus Rediker umreißen eine Konstellation erträumter Gesprächspartner.

Im Gespräch mit ihnen können die Gedichte Träumereien über ein Gemälde sein, über eine Erzählung, über ein Lied, über einen Gegenstand. »Zum Retabel der neun Sklaven« etwa ist eine explizite Meditation über die Malerei des haitischen Künstlers Édouard Duval-Carrié: Das Gedicht ist eine Ekphrasis, eine literarische Beschreibung eines Gemäldes. Die Dichterin erträumt eine Flucht der neun Sklaven von der Pflanzung, stolz tragen sie die seltsamen blauen Masken, die der Maler ihnen aufgesetzt hat, während ihnen an den Ellbogen die Flügel der Freiheit wachsen; in Erwartung eines Opfers Christi verwandeln sie sich im Raum des Gedichts in poetische Vögel. Die Malerei wird zum Ausgangspunkt des Schreibens, das eine Revolte der Subalternen fantasiert.

Aber auch die materielle Kultur kann ein Anstoß und ebenso eine Metapher des poetischen Schreibens sein. So wie die »Lukasa«, jene mit Perlen und Muscheln verzierten Holztafeln, die von den Geheimgesellschaften der Luba als Gedächtnisdispositiv verwendet werden, um sich an Erzählungen zu erinnern. Bei Sylvie Kandé werden sie zu einer Sinn-Form, die sich zu ihrem poetischen Schreiben analogisch verhält, wie in »Lukasa. Gedächtnistafel«:

> Der *Lukasa* ist eine Gedächtnistafel.
> Ein kleines gekrümmtes Holzbrett, das ich in meine Hand gelegt habe,
> weil eine geschuldete Schuld geblieben war,
> eine zu trinkende Scham,
> zu knüpfende Lianen, und wohl noch allerhand mehr …
> Schreiben ist auch eine Art und Weise zu zählen.

In diesem poetischen Universum rauscht alles, alles ergibt Sinn, alles hallt wider. Die Rätsel antworten einander, die versteckten Zitate von Césaire, Senghor, Glissant, Mallarmé, aus dem Epos von *Sundiata*, aus der *Aeneis* erhalten in der Rekonfiguration einen neuen Sinn. Dieses Dispositiv, in dem alles seinen Widerhall erzeugt, ist auch in den Beschreibungen der Natur zu erkennen, in der Hügel sprechen, Felsen antworten und die Steine lebendig sind, wie in »Initiation«:

> Nicht alle Steine sind lebendig aber einige werden es sein Pass
>   auf wo du deinen Fuß hinsetzt
> So schritt er behutsam einher aus Angst die zu verschrecken
> die aus den Sümpfen aufsteigen
> um die Luft der Gegenwart zu atmen

Und etwas später heißt es in diesem Gedicht: »Alles was ist hat seine Sprache«. Wenn alles spricht, muss man sich auf das Zuhören verstehen, in ökopoetischer Weise dem Geheimnis des Lebendigen lauschen. Orpheus brachte die Steine zum Weinen, die Mantik des Zählens und der Spiralen sieht sich in seiner Nachfolge.

INHALT

VIII. MANTIK

Die Stiftung Lyrik Kabinett unterhält in München die zweitgrößte auf Lyrik spezialisierte Bibliothek Europas mit aktuell ca. 65 000 Bänden, darunter zahlreiche hochwertige Künstlerbücher. Im Lyrik Kabinett finden regelmäßig Lesungen deutschsprachiger und internationaler Poesie statt, das Spektrum reicht dabei von der Antike bis in die Gegenwart. Die Stiftung führt kreative Programme an Schulen durch, sie fördert eine lebendige Lyrik-Szene genauso wie das Bewusstsein für literarische Traditionen über Sprach- und Kulturgrenzen hinweg.

Die Stiftung ist entstanden aus einer mäzenatischen Initiative und wird unterstützt durch einen Freundeskreis. Wenn Ihnen Gedichte und der Austausch über sie wichtig sind, besuchen Sie uns:

Stiftung Lyrik Kabinett
Amalienstraße 83a
80799 München

www.lyrik-kabinett.de
www.facebook.com/lyrikkabinett

Die in diesem Band versammelten Gedichte erschienen im Original erstmals in den Bänden:

Lagon, Lagunes. Tableau de mémoire © Éditions Gallimard, Paris, 2000 (»Troc silencieux«, »Eecalénè«, »Lukasa. Tableau de mémoire«, »L'absente de tout reflet«, »sens«)

La quête infinie de l'autre rive. Épopée en trois chants © Éditions Gallimard, Paris, 2011 (»La métamorphose du roi«, »Portrait de la mort en migrante«)

Gestuaire. Poèmes © Éditions Gallimard, Paris, 2016 (»Appel d'air«, »Mouette«, »Tous comptes faits«, »Cannes«, »L'oiseau de Septembre«, »Génocide«, »Généalogie«, »En gros…«, »Portrait en miettes«, »Brève de main«, »Coup de fer«, »Coup de sang«, »Coup d'œil«, »Coup de chapeau«, »Initiation«, »Vahiné«, »Prière«, »Feu ce phalène mien«, »Mobilisé«, »Morts en guerre I«, »Morts en guerre II«, »Quant à vanner«, »Au sujet du retable des neuf esclaves«, »Des choses qui gagnent à être tues«, »Pharaonne«, »Âme en cavale«, »Colophon I«)

Die Gedichte »Die Verwandlung des Königs« und »Porträt des Todes als Migrant« stammen aus: Sylvie Kandé, *Die unendliche Suche nach dem anderen Ufer*, aus dem Französischen von Tim Trzaskalik © 2021 MSB Matthes & Seitz Berlin Verlagsgesellschaft mbH

1. Auflage 2023

ISBN 978-3-446-27634-5
»Haiku« [1], »Je le sais«, »La faim«, »L'homme qui marche«, »Ombres félines«, »Anchise hors des murs«, »Haiku« [2], »Abada«, »sans«
© Sylvie Kandé
Alle Rechte der deutschen Ausgabe
© 2023 Carl Hanser Verlag GmbH & Co. KG, München
Umschlag: Peter-Andreas Hassiepen, München
Motiv: »Field Theory« © Wura-Natasha Ogunji
Satz im Verlag
Druck und Bindung: Friedrich Pustet, Regensburg
Printed in Germany

MIX
Papier aus verantwor-
tungsvollen Quellen
FSC   FSC® C014889
www.fsc.org